short & easy

Werner Färber
Wie viele Level hat dein Leben?

Werner Färber ist ein bekannter Autor, der für alle Altersstufen im Kinder- und Jugendbuchbereich schreibt. Außerdem hat er schon zahlreiche Bücher des englischen Autors Pete Johnson übersetzt. Werner Färber lebt mit seiner Familie in Hamburg. Wer mehr über den Autor erfahren will, kann im Internet unter **www.wernerfaerber.de** nachlesen.

In der Reihe **Short & Easy**
sind u. a. erschienen:

RTB 52237
Inge Meyer-Dietrich, Und das nennt ihr Mut

RTB 52245
Werner Färber, Volle Pulle

RTB 52258
Jochen Till, Fette Ferien

RTB 52271
Brigitte Blobel, Hast du schon?

RTB 52287
Bernhard Hagemann, Superstar gesucht!

RTB 52358
Brigitte Blobel, Alles nur Show

RTB 52379
Werner Färber, Einfach weg!

RTB 52398
Werner Färber, Einer gegen alle

RTB 52406
Jochen Till, Fiese Ferien

RTB 52489
Christian Tielmann, Und Plötzlich bist du jemand anders

RTB 52497
Nortrud Boge-Erli, Ihr wisst ja nicht, was Liebe ist

Werner Färber

Wie viele Level hat dein Leben?

Ravensburger Buchverlag

Im Rahmen meiner Recherche
möchte ich mich bei den Mitarbeiter/innen
der Sucht- und Drogenberatungsstelle Wedel,
einer Einrichtung von therapiehilfe e.v.,
für die mir entgegengebrachte Geduld und
fachliche Unterstützung bedanken!

Originalausgabe
als Ravensburger Taschenbuch
Band 52438
erschienen 2011

© 2011 Ravensburger Buchverlag
Otto Maier GmbH

Umschlaggestaltung: dieBeamten.de/
Anja Langenbacher und Reinhard Raich
unter Verwendung eines Fotos von
plainpicture/Stephen Webster

**Alle Rechte dieser Ausgabe
vorbehalten durch
Ravensburger Buchverlag
Otto Maier GmbH**

Printed in Germany

3 4 5 6   16 15 14 13

ISBN 978-3-473-52438-9

www.ravensburger.de

Christopher verstärkt den Beinschlag.
Noch fünf Bahnen, dann hat er die vierzig voll.
Das ist sein Morgenpensum vor der Schule.
Dreimal pro Woche. Obwohl die Muskeln
längst brennen, zieht er die Arme noch immer
sauber unter seinem Körper durch.
Stilistisch hat er sich verbessert.
Vor allem beim Kraulen.
Neulich hat ihn sein Trainer, Herr Strasser,
vorschwimmen lassen, um den anderen
einen Bewegungsablauf zu erläutern.
Das war das erste Mal, dass er Christopher
ins Wasser geschickt hat, damit die Kollegen
vom Beckenrand aus zuschauen können.
Beim nächsten Atemzug dreht Christopher
den Kopf etwas weiter als nötig
und wirft einen Blick auf die Wanduhr.

Eigentlich müsste er längst in der Umkleidekabine sein. Trotzdem. Weiter. Atemzug unter dem angewinkelten linken Arm, kräftiger Zug unterm Brustkorb durch, abtauchen, Rolle vorwärts, abstoßen, Delfinbewegungen während der Tauchphase, auftauchen, atmen unterm linken Arm, Beinschlag, Armzug.

Bevor er die 2000 Meter nicht voll hat, wird er das Becken nicht verlassen.
Sonst gibt's Zoff.
Noch vier Bahnen.
Was die Einhaltung des Pensums angeht, versteht Herr Strasser keinen Spaß. In Sachen Pünktlichkeit ist der Coach noch schlimmer. Und diese Woche hat es Christopher gleich zweimal geschafft, eine Viertelstunde zu spät zu kommen.
Nur weil sein Paps es nicht gebacken bekommt, den Wecker zu stellen. Seine Ma musste

für ein paar Tage zu seinen Großeltern,
um den alten Leutchen ein bisschen zu helfen.
Christopher bleibt im Wasser, bis er
die 2000 Meter voll hat. Stress mit Strasser
ist einfach übel. Da ist es klüger, man haut
ordentlich rein, um ihn positiv zu stimmen.
Vor Beginn der ersten Stunde noch schnell
die Hausaufgaben abzuschreiben, wird heute
kaum noch möglich sein. Aber was ist wichtiger:
die Meisterschaft oder die Hausaufgaben?
Da muss Christopher nicht lange überlegen.
Dieses Jahr will er aufs Podest. Koste es,
was es wolle. Noch drei Wenden.
Atemzug unter dem angewinkelten linken Arm,
kräftiger Zug unterm Brustkorb durch,
abtauchen, Rolle vorwärts, abstoßen,
Delfinbewegungen während der Tauchphase,
auftauchen, atmen unterm linken Arm,
Beinschlag, Armzug. Endspurt.
Wenn schon, dann richtig. Ordentlich powern.
Nach der letzten Bahn schießt Christopher
aus dem Wasser wie ein Seehund,
schnappt sich sein Handtuch von der

Wärmebank und braust sich unter der Dusche
kurz das Chlorwasser vom Leib.
Schon wenige Minuten später schwingt er sich
aufs Fahrrad und kachelt die Treppen hinunter.
Wozu hat er ein Mountainbike?
Um den Serpentinenweg für Kinderwagen
und Rollifahrer zu benutzen?
Auch nach 2000 Metern Kraul tritt er
noch kraftvoll in die Pedale.
Triathlon wäre auch noch was für ihn.
Irgendwann auf Hawaii am *Ironman* teilnehmen.
Aus der Ferne sieht er Katharina in der Schule
verschwinden. Auch sie ist ganz schön spät dran.
Dabei hat sie ihm gestern versprochen,
früher zu kommen, damit er von ihr noch Mathe
abschreiben kann. Er schließt sein Rad an
und startet Triathlon-Disziplin Nummer drei:
Laufen.

„Hey, Katharina!", ruft er und fängt sie vor der
Tür des Klassenzimmers ab.

„Sorry, hab verschlafen", sagt sie.

„Schon okay", antwortet er großzügig.

„Ich doch auch. Hast du Mathe?"

„Ich nicht", antwortet sie lachend. „Aber du."
Dieser Blick! Diese Augen! Wasserblau.
Und strahlend. Und so klar.
Am liebsten würde er darin eintauchen
und 2000 Meter schwimmen.
Wenn's sein muss, auch 2000 Bahnen.
Strahlt Katharina alle so an? Oder nur ihn?
Christopher weiß es nicht. Er sollte mal genauer
darauf achten, wie sie andere ansieht.
Das hat er sich schon oft vorgenommen.
Aber irgendwie ist er in ihrer Anwesenheit
immer abgelenkt. So wie jetzt.
Deshalb kapiert er auch nicht,
was sie gerade gemeint haben könnte.
„Hä?"
„Wenn hier jemand Mathe *hasst*, bist das wohl
du." Sie öffnet lachend ihre Tasche.
„Autsch!", kommentiert er ihr Brechstangen-
Wortspiel. Manchmal übertreibt sie es
mit ihren Spitzfindigkeiten.
Solange sie ihn jedoch weiterhin so anstrahlt
wie in diesem Augenblick, kann Christopher
ihr locker verzeihen.

Er greift nach ihren Arbeitsblättern.

Sie hält sie fest. „Mach mal wieder selber was", sagt sie mahnend. „Sonst kapierst du wirklich bald gar nichts mehr."

Christopher blickt theatralisch zur Decke. „Ja, Mutti." Reicht es nicht, dass ihm seine Eltern die momentane Abwärtskurve seiner Schulnoten ständig unter die Nase reiben?

„Echt jetzt, Christopher. Letztes Schuljahr hab ich noch von *dir* abgeschrieben."

„Nicht in Mathe."

„Weil du Mathe hasst."

„Das kannst du so nicht sagen", widerspricht Christopher.

„Ach?"

„Eigentlich liegt es viel mehr am Henker und nicht am Fach." Christopher ist sich sicher, dass der Mathelehrer, der in Wirklichkeit Henkel heißt, nicht nur ihm allen Bock auf Mathe nimmt.

„Wenn es nur Mathe wäre", sagt Katharina zögernd und blickt ihm noch tiefer in die Augen. Sie ist ungefähr einen Kopf kleiner als er.

Wenn sie ihn so von unten herauf ansieht,
könnte Christopher wahnsinnig werden. Und die
Arbeitsblätter lässt sie noch immer nicht los.
„Dieses Jahr hängst du fast in allen Fächern
durch. Gibt's einen Grund?"
Christopher weicht ihrem Blick aus und starrt
auf die kahle Betonwand des Schulflurs.
Weiß sie nicht, wann sie mit ihrer Fragerei
aufhören muss? „Bin eben platt. Vom Training.
Du weißt doch, wie das ist."
Katharina nickt.
Obwohl sie eines der größten
Talente des Mädchenteams gewesen ist,
hat sie vor etwa einem halben Jahr
das Schwimmtraining geschmissen.
„Deshalb hab ich doch aufgehört.
War mir einfach zu viel."
„Mir aber nicht. Ich will aufs Podest", sagt
Christopher. „Was ist jetzt mit Mathe?
Gibst du's mir oder nicht?", versucht er es
versöhnlicher und schaut sie wieder an.
Ihre Augen wirken gar nicht mehr so
wasserblau.

„Komm schon, sonst schaff ich es nicht mehr, bis der Henker kommt."

„Wie heißt das Zauberwort mit fünf Buchstaben?"

Christopher grinst. „Flott?"

Katharina schüttelt den Kopf, ihr Strahlen kehrt zurück.

„Dalli?", fragt er. Sein Blick ist fest mit ihrem verschweißt. Seine Magengrube glüht.

Sie zieht die Arbeitsblätter zurück, rollt sie zu einer Röhre zusammen, gibt ihm einen Klaps auf den Kopf und hält sie ihm hin.

Er schnappt sich die Blätter. „Danke, Mutti."

„Hör auf mit Mutti", antwortet sie. „Was ich gesagt habe, meine ich wirklich ernst."

Er haucht noch ein fast tonloses „Sorry".

Sie gehen ins Klassenzimmer und er setzt sich an seinen Platz, um die Aufgaben abzuschreiben.

Christopher hat Glück: Henker lässt ihm genügend Zeit. Er kommt nämlich ebenfalls zu spät.

Zwei Tage darauf ist Christophers Mutter
zurück und er kommt wieder pünktlich
aus den Federn.
„Geht doch", wird er von Herrn Strasser
knurrig begrüßt. Gute Laune ist für ihn
ein Fremdwort.
Heute ist Sprinttraining angesagt. Volles Tempo
über 50 Meter. Raus aus dem Wasser,
kurze Erholungsphase auf dem Rückweg
zum Start und erneut volles Tempo auf der
nächsten Bahn.
Am Ende ist Christopher so platt
wie schon lange nicht mehr.
Aber dafür hat er heute genügend
Zeit, um in Ruhe zu duschen. Nach Katharinas
Mahnung hat er gestern tatsächlich alle
Hausaufgaben selbst erledigt. Das heißt nicht,
dass er vorhätte, zum Streber zu mutieren.
Er will lediglich Katharina ein wenig
beeindrucken.
Weil er nicht einmal Mathe abschreiben muss,
kann er sich zur Abwechslung den Luxus leisten,
einen Föhn zu benutzen. Ist auch besser so.

Es ist nämlich noch mal saukalt geworden.
Nach dem Kälteeinbruch der vergangenen
Nacht mussten die Autofahrer sogar Eis
von den Scheiben kratzen. Da sollte man die
Schwimmhalle lieber mit trockenen Haaren
verlassen.
Das Letzte, was Christopher während der
Aufbauphase braucht, ist eine Erkältung.
„Du hast wohl noch nicht mitbekommen,
dass Iro total out ist", lästert ein
Schwimmkollege, als er sieht, wie sich
Christopher vor dem Spiegel abmüht, aus seinen
Stoppelhaaren eine halbwegs vernünftige Frisur
zu modellieren.
„Sieht doch voll scheiße aus, Mann."
„Halt dich geschlossen, ja!", giftet Christopher.
Er muss allerdings zugeben,
dass der Typ Recht hat, und macht die Haare
noch mal nass, um sie wieder glatt zu föhnen.
Mit so kurzen Haaren geht eben rein
gar nichts – damit muss man als Schwimmer
leben.
Dafür bekommt man durch das viele Training

im Lauf der Zeit einen tollen Körper – den man
in den verdammten Winterklamotten nicht sieht.
Christopher stopft die Schwimmsachen
in die Sporttasche und macht sich vom Acker.
Draußen schwingt er sich aufs Bike
und ab die Treppen runter. Wie immer.
Dass es während des Trainings spiegelglatt
geworden ist, bemerkt er erst, als ihm
das Vorderrad wegrutscht. Eisregen.
Der Fahrradlenker steht quer. Christopher stößt
sich ab, verfängt sich mit einem Bein
im Rahmen, stürzt kopfüber die Treppe
hinunter. Zack, gehen ihm die Lichter aus.
Vor der Barriere zwischen Treppe und rot
eingefärbtem Asphalt des Radwegs bleibt er
reglos liegen.
Wie oft er sich überschlagen hat, weiß weder er
noch sonst jemand. Als er wieder zu sich
kommt, pulsiert in seinem Schädel ein dumpfer
Schmerz.
Er versucht aufzustehen, spürt tausend Dolche
im linken Bein.
Benommen starrt er auf seinen Unterschenkel.

Was ist denn mit dem los? Der Fuß zeigt nicht
wirklich in die Richtung, in die er zeigen sollte.
Weshalb ist sein Bein so verdreht?
Ehe er um Hilfe rufen kann, taucht
Herr Strasser über ihm auf. Kurz darauf
ist Christopher umringt von Leuten.
Sein Trainer beugt sich über ihn, spricht
nebenbei ins Handy.
Durch das Dröhnen in seinem Schädel
erfasst Christopher nur einzelne Worte.
Krankenwagen. Bein. Gebrochen.
Christopher hat Schmerzen.
Klopfende Schmerzen. Im Bein. Im Kopf.
Überall. Schließlich kommt ihm
doch ein klarer Gedanke in den Sinn:
die Meisterschaft! Das war's.
Er schließt die Augen.
„He! Bleib wach, Junge!", ruft jemand.
„Der Rettungswagen ist unterwegs."
War das Strasser? Christopher glaubt,
tausend Leute auf einmal reden zu hören:
„Bleib ruhig." – „Hilfe kommt." –
„Was trinken?" – „Stabil lagern." –

„Warm halten." – „Wird wieder!" –
„Nicht mehr lange."
Was soll das heißen, nicht mehr lange?
Das Warten scheint endlos. Dann plötzlich
Hektik. Sanis. Endlich. Das Klappern der Trage.
Eins, zwei, hoch! Verdammt! Schmerz!
Rettungswagen. Von innen! Krankenhaus.
Röntgen.
OP. Fetzen von Erinnerungen. Bruchstücke.
Er fühlt sich benommen.

Erst am nächsten Morgen, ungefähr
vierundzwanzig Stunden nach der OP,
beginnt sich der Nebel in seinem Kopf zu
lichten. Trotzdem döst er ständig wieder ein,
kaum dass er die Augen aufgeschlagen hat.
Seine Mutter muss irgendwann
hier gewesen sein. Wer sonst sollte ihm
einen Schlafanzug gebracht haben? Sie hat ihm
schließlich auch verklickert, weshalb sein
linkes Bein an diesem Krankenbettgalgen hängt.

Die Schmerzen, die er bei jeder Bewegung spürt, kommen erstens von den Prellungen, die er sich am ganzen Körper zugezogen hat, und zweitens von der angeknacksten Rippe. Sowohl das Waden- als auch das Schienbein mussten durch Platten und Schrauben stabilisiert werden.
Sie sind aus Titan. Echt teures Zeug.
Sein linker Unterschenkel hat also deutlich an Wert gewonnen. Zumindest materiell.
Verdammt! Die Meisterschaft.
Die kann er knicken. Von wegen Podest.
War da nicht noch jemand zu Besuch gewesen?
Sein Bruder? Blödsinn, Constantin ist gerade für ein Jahr in Boston.
Die Ärzte haben Christopher auf die Kinderstation verfrachtet. Echt unverschämt. Schließlich ist er schon vierzehn!
„Tschüss", sagt der Kurze aus dem Bett gegenüber.
Was hat der noch gleich für eine Krankheit?
Ach ja. Diabetes. Er hat das mit dem Selbstspritzen auf Anhieb recht gut hinbekommen. Ziemlich helle für so einen Grundschulzwerg.

Nur sein ewiges Gedüdel mit dem Gameboy
ist Christopher während seiner Dämmerphase
auf den Senkel gegangen.
Ein Zimmer mit schnarchenden Opas
wäre allerdings auch nicht besser gewesen.
Weshalb steht der Kurze jetzt
neben seinem Bett rum?
„Was ist denn?", fragt Christopher matt.
„Tschüss", sagt der Zwerg noch einmal und legt
Christopher den Gameboy auf die Bettdecke.
„Den brauch ich nicht mehr. Kannst ihn
Schwester Inge geben. Gehört der Station.
Hab zu Hause selber einen." Dann dreht er
sich um und geht.
Christopher starrt auf den Gameboy.
So ein Ding hatte er früher auch mal.
Seine Mutter hat ihm das Teil abgenommen.
Weil er sich damals mit nichts anderem mehr
beschäftigt hat.
Ob es wirklich im Müll gelandet ist, wie sie
behauptet hat? Oder hat sie es einfach nur
versteckt und nie wieder hervorgeholt?
Christopher weiß es bis heute nicht.

Er nimmt den Gameboy und schaltet ihn ein.
Was sollte er sonst tun?

Als es an der Zimmertür klopft, ist Christopher gerade damit beschäftigt, mit Super Mario neue Rekorde aufzustellen. Wie schon seit einigen Stunden.
„Herein!"
Als Katharina vorsichtig die Tür öffnet, kann er kaum glauben, dass sie ihn besuchen kommt.
Er lässt den Gameboy unter der Bettdecke verschwinden. Wäre doch zu peinlich, ausgerechnet von ihr mit diesem Babyspielzeug erwischt zu werden. Es reicht schon, dass er auf der Kinderstation gelandet ist.
„Der Herr hat Geheimnisse?", sagt sie.
Christopher fühlt sich ertappt. „Nur die neueste Ausgabe vom Playboy." Coole Ausrede!
„Wow. Hat dir den deine Mutter mitgebracht?"
Christopher lacht. „Autsch! – Bitte nicht."
Die Rippe!

Katharina verzieht das Gesicht. „Sorry",
sagt sie leise.
„Schon okay. Bloß keine Witze mehr."
„Hm. Schade." Mit größter Vorsicht setzt sie
sich auf die Bettkante.
„Dann lass mal sehen."
„Was?"
Mit herausfordernder Miene zeigt Katharina
auf die Bettdecke.
„Ähm, nein, besser nicht", sagt er.
„So ein Playboy unter der Bettdecke kann mich
nicht schocken. Ich hab zwei große Brüder."
Katharina wird rot. Christopher auch.
Das mit dem Playboy unter der Bettdecke
kann man durchaus zweideutig interpretieren.
Als sie schließlich den Gameboy sieht, muss sie
lachen, bis ihr die Tränen kommen.
Christopher verschränkt die Arme vor der Brust.
„Was denn?"
Katharina wischt sich mit den Fingerspitzen
die Tränen weg und versucht dabei
ihren Lidstrich nicht zu ruinieren.
Es gelingt ihr nur bei einem Auge.

Das andere sieht aus wie ein frisches Veilchen.
Nun fängt Christopher an zu grinsen. „Siehst
aus, als hättest du dich geprügelt."
„Echt so schlimm?" Sie verschwindet ins
Badezimmer.
Als sie zurückkommt, ist der Lidstrich
so perfekt wie zuvor und ihr Strahlen ist
wieder angeknipst.
„Wann kommst du wieder raus hier?", fragt sie.
„Weiß nicht. Hab noch nicht gefragt. Bis jetzt
hab ich fast nur gepennt."
Wenn er sich nur trauen würde,
Katharina mal was Nettes zu sagen.
Vielleicht wäre dann ganz schnell alles klar
zwischen ihnen. So ist die Atmosphäre im Raum
ein klein wenig angespannt.
„Soll ich dir beim nächsten Mal
was mitbringen?", fragt Katharina weiter.
„Gegen Krankenhauslangeweile und so?"
„Wann kommst du denn wieder?"
„Wann ist es dir recht?"
Am besten, du bleibst hier!, denkt Christopher.
Wieder schaut sie ihn mit diesem

Augenaufschlag an. Wie bekommt sie diesen
Blick nur hin?
Und vor allen Dingen erneut die Frage:
Macht sie so was absichtlich oder schaut
sie immer so?
„Wie wär's mit morgen?"
„Klar." Sie beugt sich über ihn und gibt ihm
einen flüchtigen Kuss auf die Wange.
„Bis morgen also."
Ihm bleibt fast das Herz stehen. Ehe er etwas
erwidern kann, ist sie an der Tür.
„Gute Besserung."
Sie dreht sich um und winkt ihm
über die Schulter zu.
Wow. Mit so einer Verabschiedung hat
Christopher nicht gerechnet.
War das nur so ein Freundschaftsküsschen
oder darf er sich ernsthaft Hoffnung machen?
Warum weiß man so was nie sofort?

Lustlos blättert Christopher in dem Buch,
das ihm Katharina mitgebracht hat. Er steckt
sich die Stöpsel in die Ohren und hört Musik,
daddelt mit dem Gameboy rum und schaut sich
zur Krönung des Abends in der Miniglotze,
die ihm seine Mutter besorgt hat, den Tatort an.
Gibt es was Stumpfsinnigeres als einen Tag
im Krankenhaus? Mehrere Tage Krankenhaus!
Kaum dass er halbwegs schmerzfrei
aus dem Bett kommt, humpelt Christopher
mit den Krücken den Flur rauf und runter.
Katharina besucht ihn fast täglich und bringt
ihm die Hausaufgaben.
Falls sie noch aus einem anderen Grund kommt,
weiß sie das plötzlich ziemlich gut zu
verbergen. Der Kuss war wohl nur so
ein Freundschaftsküsschen gewesen. Christopher
wird aus diesem Mädchen einfach nicht schlau!
Wenn Katharina nicht da ist, scheint die Zeit
stillzustehen. Christopher langweilt sich so sehr,
dass er beginnt, mit den drei Zwergen,
die inzwischen mit im Zimmer liegen,
„Mensch ärgere Dich nicht" zu spielen.

Nach fünf Tagen haben die Ärzte endlich ein
Einsehen. Da sie mit dem Heilungsverlauf
des Beins und der angeknacksten Rippe
zufrieden sind, darf er raus.
Am Morgen des sechsten Tages holt ihn
seine Mutter mit dem Auto ab. Die Schwester
mahnt ihn zum Abschied noch einmal zur
Vorsicht und nimmt ihm das Versprechen ab,
in den nächsten Tagen nicht auf die Krücken
zu verzichten.
„Klar, versprochen!", sagt Christopher und
winkt lässig mit einer Krücke.
Weil er dabei auf dem Flur eine Bettpfanne
vom Wagen fegt, hält sich der Abschiedsschmerz
der Schwestern in Grenzen.
Wenigstens war die Pfanne sauber.

Am späten Nachmittag klingelt es an der
Haustür.
Christopher hockt in seinem kleinen Zimmer
unterm Dach mit hochgelagertem Bein
am Computer, um seinen Bruder per Mail
auf den neuesten Stand zu bringen.

„Ma!", brüllt er nach unten.
Gewöhnlich ist er der Schnellste.
„Ich geh schon!", ruft seine Mutter.
Kurz darauf hört er Katharinas Stimme.
Mit ihrem Besuch hat er nicht gerechnet.
Christopher schließt die Programme
und fährt den PC herunter. Noch ehe Katharina
oben ist, hievt er das Bein vom Hocker
und wendet sich auf seinem Drehstuhl zur Tür.
„Jaha!", ruft er, als sie anklopft.
Als Katharina eintritt, verabschiedet sich
sein Rechner gerade mit einem müden
Brummen.
„Warst wohl heimlich auf der Playboyseite?",
fragt sie grinsend. Im Vorübergehen streift sie
Christophers Schulter. Zufällig? Sie lässt sich
aufs Bett fallen und schaut sich sein Zimmer an.
Sie ist zum ersten Mal bei ihm.
Christopher folgt ihrem Blick.
Ob sie seine Poster an der Dachschräge
albern findet? Muss es ihm peinlich sein,
dass er seine Schwimmpokale und Medaillen
im Regal zur Schau stellt?

„Nicht schlecht, die Bude." Sie deutet auf die
Krücken. „Wie kommst du mit den Dingern
die Treppe rauf und runter?"
„Geht schon."
„Ich war erst im Krankenhaus", sagt sie dann.
„Hättest mir ruhig sagen können, dass sie dich
heute schon rausschmeißen."
„Sorry. Hat sich plötzlich so ergeben.
Hab einfach so lange genervt, bis sie
die Schnauze voll von mir hatten."
„Kann ich mir vorstellen. Trotzdem – schon mal
was von Telefon gehört?"
„Damit ich schuld bin, wenn es dir in der Schule
abgenommen wird?", wendet Christopher ein.
Dafür, dass er in der ganzen Entlassungshektik
wirklich keine Sekunde daran gedacht hat,
sie anzurufen, ist das eine clevere Ausrede.
Seitdem ein paar Idioten auf dem Schulhof mit
ihren Handys Prügelszenen gefilmt
und anschließend auch noch damit angegeben
haben, ziehen die Lehrer das Telefonverbot
an der Schule knallhart durch.
„Ich lass mich schon nicht erwischen."

„Okay, beim nächsten Mal sag ich Bescheid.
Versprochen."
„Willst dir wohl das andere Bein auch noch
brechen?", fragt sie schon wieder gut gelaunt.
„Nur, wenn du mich besuchen kommst",
sagt Christopher leise.
Er senkt den Blick, weil er sonst in Katharinas
wasserblauen Strahleaugen versinken würde.
Mit einer eher schüchternen Kopfbewegung
gibt sie ihm zu verstehen, dass er zu ihr
aufs Bett kommen soll.
Er spart sich die Krücken, die neben ihm
am Schreibtisch lehnen, und hüpft auf einem
Bein durchs Zimmer. Er kommt ins Stolpern,
verliert das Gleichgewicht und kann sich
gerade noch auf die weiche Matratze retten.
Bei der Landung wird ihm trotzdem beinahe
schwarz vor Augen. Er ringt nach Luft.
Die Rippe!
„Alles okay?", flüstert Katharina nach einer
Weile.
Er ringt sich ein Lächeln ab. „Geht so."
Sie rückt näher. Christopher weiß nicht,

wo er hinsehen soll. Auf ihren Mund?
In ihre Augen?
„Braucht ihr was da oben?", ruft Christophers Mutter.
Katharina schreckt ebenso auf wie Christopher.
„Kommt sie hoch?", fragt sie flüsternd.
„Weiß nicht", erwidert Christopher ebenso leise.
„Nein!", ruft er Richtung Tür. „Alles okay, Ma!"
„Auch nichts zu trinken oder so? Ich hab zur Feier des Tages extra einen Kuchen gebacken."
„Danke, Ma! Uns geht's gut!", ruft Christopher.
Katharina nickt zustimmend.
„Eigentlich bin ich ja gekommen, um dir die Hausaufgaben zu geben." Sie rückt von ihm ab und reckt sich nach ihrer Tasche.
War ihr das gerade eben doch unangenehm?
Dass sie einander so nahe gewesen sind?
Christopher traut seiner Stimme nicht und muss sich erst räuspern. „Danke", krächzt er.
Katharina zieht die Arbeitsblätter heraus und berichtet, was heute in der Schule dran war.
Er hat keinen Schimmer, wovon sie redet.

Er könnte nicht einmal sagen, ob sie gerade
über Englisch spricht oder ob sie versucht,
ihm Physik zu verklickern.
Erneut klopfte es an der Tür.
Seine Mutter steckt den Kopf ins Zimmer.
„Ich kann doch den Kuchen nicht alleine essen",
flötet sie mit einem Lächeln.
Dabei ist sie eindeutig hochgekommen,
um zu spionieren. „Etwas zu trinken könnt ihr
garantiert auch brauchen."
Christopher verdreht innerlich die Augen.
„Wir machen Englisch, Ma", sagt er
unverhohlen vorwurfsvoll. Nach einem Blick
auf die Arbeitsblätter wirkt das Lächeln seiner
Mutter ein wenig gefroren. Die Zahlen, Brüche
und Kurven, die sie auf den Unterlagen erkennt,
haben mit Sicherheit nicht sehr viel mit der
englischen Sprache zu tun.
Katharina kichert. Sie hat Christophers Fehler
bemerkt.
„Mit Englisch sind wir eben fertig geworden."
Sie zeigt auf den Ordner, der neben ihr auf dem
Bett liegt. „Jetzt machen wir mit Mathe weiter."

Kaum ist Christophers Mutter wieder draußen,
prustet Katharina los. Um die Geräusche
zu ersticken, presst sie sich ein Kissen
vors Gesicht. Christopher ist die Schnüffelaktion
seiner Mutter peinlich.
Damit könnte sie glatt als Oberglucke in
irgendeiner bescheuerten Daily-Soap
durchgehen!
Katharina scheint die Sache eher komisch zu
finden. „Kuck nicht so. Ist doch süß, deine Ma."
Er zieht die Mundwinkel breit. „Klebrig süß."
Katharina legt die Hausaufgaben zur Seite.
„Was hast du denn für Spiele?", fragt sie
und deutet auf den PC.
Christopher bläst die Backen auf. „Nichts
Besonderes. Die üblichen Standardsachen,
die eh drauf sind. Und ein paar Jump & Runs."
„Wenigstens was mit Fußball hätte ich bei dir
erwartet." Noch einmal schaut sie sich im
Zimmer um. Ihr Blick bleibt an seinen Hanteln
hängen.
„Alles klar, Schwimmen. Für dich gibt's wohl
nur Training."

Er hebt die Schultern, als müsste er sich
für seinen sportlichen Ehrgeiz entschuldigen.
„Spielst du denn oft?", fragt er Katharina.
„Klar! Aber keine Ballerspiele. Sind mir
zu dumpf. Rollenspiele finde ich klasse.
Kennst du ISLE OF MAGIC?"
„Mein Bruder hat das auf dem Rechner.
Soll ganz gut sein."
Katharina nickt. „Je höher das Level,
umso besser wird's. Ich bin gerade bei
fünfunddreißig."
„Wie weit geht das?"
„Im Moment noch bis achtzig. Demnächst
wollen sie ein paar Levels draufpacken."
„Meine alte Kiste ist zu lahm für so was", sagt
er mit einer Kopfbewegung Richtung Computer.
„Aber ich könnte mir Constantins Rechner
nach oben holen."
„Soll ich dir helfen?", fragt Katharina.
Christopher denkt einen Moment nach.
Eigentlich keine schlechte Idee. Wenn er nicht
zum Training kann, kommt so ein bisschen
Zocken gerade richtig. „Ja, klar. Super Idee."

So wie sie ihn schon wieder anstrahlt,
scheint sich Katharina zu freuen, dass sie ihm
helfen kann.
„Okay, dann mal los", sagt Christopher, ehe er
sich in ihrem wasserblauen Strahleblick
verliert. Er humpelt zur Tür.

„Solltest du deinen Bruder nicht erst fragen,
bevor du Sachen aus seinem Zimmer holst?",
mischt sich seine Mutter ein, als Christopher
und Katharina in Constantins Zimmer stehen.
„Er hat mir vor seiner Abreise ausdrücklich
gesagt, dass ich mich bedienen soll, wenn ich
was brauche."
„Sicher? Nicht, dass ihr Streit bekommt."
„Er wird nicht sauer sein. Außerdem hat er
letzte Woche selbst vorgeschlagen, dass wir
skypen sollten. Und mit meinem Steinzeitrechner
kannst du das vergessen. Übrigens ist das
umsonst", fügt Christopher grinsend hinzu.
„Und was ist mit den ganzen Kabeln? Ich bleib

schon beim Staubsaugen dauernd darin hängen.
Kennst du dich damit aus?"
„Stecker raus, Stecker rein. Fertig. Und fürs
Internet brauche ich kein Kabel, wir haben
W-LAN, Ma!"
„Alles kein Problem, Frau Maiwald", bestätigt
Katharina. Sie schnappt sich den Rechner
und trägt ihn aus dem Zimmer.
„Pass auf der Treppe auf, Kind!",
ruft Christophers Mutter hinterher.
„Kind heißt Katharina und ist auch schon
vierzehn", raunt Christopher seiner Mutter
dezent genervt zu, ehe er nach oben krückt.
Wenige Minuten später sitzen sie
im Dachzimmer am Schreibtisch und fahren
den Computer hoch.
Christopher führt den Cursorpfeil auf das Icon
von ISLE OF MAGIC.
„Na bitte, da ist es doch."
Ein Klick – und das Eingangsportal erscheint.
Katharina erklärt ihm die Geografie
der magischen Insel und den Ablauf des Spiels.
Da Christophers Bruder sein Abo vor der

Abreise in die USA nicht gekündigt hat,
können sie gleich loslegen.

„Zuerst musst du dir einen Charakter schaffen, mit dem du dich auf der ISLE OF MAGIC bewegen kannst", erklärt Katharina.

„Du hast tausend Möglichkeiten. Es gibt böse und gute Magier, Hexen, Trolle, Gnome, Wichte, Drachenwesen, Elfen, Werwölfe, Zombies …"

„Okay, okay", unterbricht Christopher sie lachend. „Und was für einen Charakter hast du dir ausgesucht?"

„Meine Spielfigur ist ein Schwarzmagier."

„Du spielst einen Typ?", fragt Christopher erstaunt.

Kopfschüttelnd zuckt Katharina mit den Schultern. „Ja, klar, warum nicht? Die Magier zählen zu den mächtigsten Spielfiguren überhaupt. Du könntest dir zum Beispiel eine Wetterhexe schaffen."

Christopher lacht. „Wetterhexe? Klingt ja voll prickelnd."

„Die sind echt klasse. Wetterhexen haben

jede Menge Power, und wie der Name schon sagt, können sie das Wetter beeinflussen. Schließlich findet das Ganze auf einer Insel statt und da krachen die Naturgewalten schon mal ordentlich aufeinander.
Eine Wetterhexe kann ihre Gegner zum Beispiel mit einer gut geplanten Sturmflut in die Knie zwingen. Oder mit Taifunen und Tornados gewaltige Schäden anrichten.
Eine gut ausgestattete Wetterhexe verfügt über verschiedenartigste Blitze, die ihre Gegner erstarren lassen.
Oder, wenn's sein muss, diese auch mal einfach zu Klumpen hauen."
„Hast du vorhin nicht gesagt, du magst keine Ballerspiele?", fragt Christopher grinsend.
„Stimmt ja auch. Aber bei ISLE OF MAGIC geht's ja nicht nur um hirnloses Rumgeballer. Da geht's um Strategie. Du kannst dir auch Verbündete suchen, mit denen du in einem Clan online spielen kannst."
„Bist du auch in so einem Clan?", fragt Christopher.

Katharina schüttelt den Kopf. „Hab's mal
versucht. War nichts für mich. Ein paar
von den Leuten sind mir einfach zu krass drauf.
Die treffen sich regelmäßig drei-, viermal die
Woche zu festen Zeiten im Netz. Wenn du nicht
auftauchst, also deine Spielfigur, meine ich,
machen die richtig Stress."
„Wetterhexe …" Christopher schüttelt grinsend
den Kopf. „Mit der könnte ich es also so richtig
krachen lassen?"
Katharina nickt. „Da bleibt kein Stein
auf dem anderen."
„Okay. Dann also die Wetterhexe. Sehen die
immer gleich aus?"
„Nö. Du kannst deine Spielfigur nach Belieben
gestalten. Schau hier …" Katharina übernimmt
den Cursor und zeigt Christopher,
wie er sich seine Wetterhexe
zusammenbauen kann.
„Klein, groß, dick, dünn, Augenfarbe, Frisur,
Haarfarbe, kleine Ohren, spitze Ohren,
Warzennase …"
„Warzennase muss nicht sein. Wenn schon

Wetterhexe, dann gut aussehend. Mit blauen
Augen. Leuchtend blauen Augen",
fügt er hinzu, ohne den Blick
vom Bildschirm zu wenden.
Katharina rückt ihren Stuhl näher an seinen
und stößt leicht gegen die lädierte Rippe.
Aber das bisschen Schmerz kann einer
Wetterhexe nichts anhaben.
Vor allem dann nicht, wenn der Schmerz von
einem fantastischen Schwarzmagier verursacht
wurde.

Spät am Abend sitzt Christopher immer noch
am Rechner.
Seine Hanteln, an denen er sich zwischendurch
versucht hat, hat er schnell wieder weggelegt.
Die Rippe.
Katharina ist längst nach Hause gegangen.
Dafür leistet ihm nun Tharanika Gesellschaft –
so hat er seine Wetterhexe getauft.
Sie hat wasserblaue Augen.
Auch bei der Haarfarbe der Wetterhexe
hat er sich an der Wirklichkeit orientiert.

Während dem lebenden Vorbild die Haare jedoch lang und glatt über die Schultern fallen, hat Tharanika eine ungebändigte Zottelmähne. Der Anruf seines Bruders reißt ihn aus dem Spiel.
„What's up, Bro?", fragt Constantin.
Für Christophers Geschmack übertreibt sein Bruder die Ami-Nummer ein wenig. Nach einem ausführlichen Krankheitsbericht fragt Christopher, ob er Constantins Rechner benutzen darf.
„Wieso das denn? Du hast doch eh nichts anderes im Kopf als deine Schwimmerei."
„Hallo? Schon vergessen? Hab ich mir das Bein gebrochen? Vielleicht kann ich im Moment nicht trainieren?", mault Christopher.
Constantin zögert. „Oh shit! Meinetwegen. Aber wehe ich komm zurück und du hast mir was gelöscht."
„Warum sollte ich dir was löschen?"
„Weil du keine Ahnung von PCs hast?"
„Ha, ha", macht Christopher. „Du hast doch ISLE OF MAGIC drauf, oder?"

„Daher weht der Wind. Brüderchen will zocken.
Ist echt geil das Spiel, das kann richtig
süchtig machen. Wie kommst du plötzlich auf
ISLE OF MAGIC?"
„Katharina hat es mir gezeigt."
„Die Katharina vom Schwimmen?"
„Exakt", sagt Christopher mit einem seltsamen
Gefühl von Stolz. „Beim Schwimmen ist sie
allerdings schon lange nicht mehr. Hat vor
einem halben Jahr aufgehört zu trainieren."
„Hey! Du bist total verknallt!"
Christopher grinst. „Mhm."
Selbst wenn sein Bruder ein Streber ist,
in diesem einen Punkt ist er in Ordnung:
Man kann mit ihm reden.
„Freut mich! Schon heftig rumgeknutscht?"
„Noch nicht."
„Irgendwie klar, wenn euch nichts Besseres
einfällt, als vorm Computer abzuhängen."
„Sehr witzig."
„Sei doch nicht gleich eingeschnappt. Und für
den Fall, dass du mit 'nem Clan zocken willst,
mein IOM-Abo läuft noch. Hätte ich mir

allerdings sparen können. Hab seit Wochen
nicht gespielt. Muss jetzt Schluss machen.
Hier tanzt der Bär."
Weg ist er.
Nach diesem abrupten Ende kehrt Christopher
auf die ISLE OF MAGIC zurück.
Bis tief in die Nacht feilt er am Aussehen
und den Eigenschaften seiner Wetterhexe.
Soll er Tharanika schnell, wendig oder flink
gestalten oder ist es wichtiger,
dass sie ausdauernd ist?
Christopher hat keinen Schimmer,
worauf es auf der ISLE OF MAGIC ankommt.
Den Hypnoseblick, bei dessen Aktivierung sich
die wasserblaue Augenfarbe der Wetterhexe
in eiskaltes Stahlblau verwandelt, findet er
jedenfalls scharf, und er ist sich sicher,
dass er diesen Blick irgendwann
gewinnbringend einsetzen kann.
Wie lange wird es dauern, bis Christopher
Katharinas Level erreicht hat?
Er will so schnell wie möglich dorthin kommen.
Ein klein wenig Ehrgeiz ist also angesagt.

Christopher streift über die Insel und versucht sich die Landschaften und Regionen einzuprägen.
Wo Tharanika geht und steht, trifft sie auf seltsame Wesen. Manche sehen aus wie Gnome, andere wie eine Kreuzung aus Libelle und Flugsaurier. Händler schieben oder ziehen klapprige Handkarren über ausgefahrene Wege. Echt super animiert. Und dass hinter jeder einzelnen Spielfigur echte Leute stecken, die gerade am Rechner sitzen wie Christopher, ist auch ziemlich crazy. Immer wieder wird Tharanika von fantastischen Wesen angesprochen: „Wollt Ihr Löwenfrettchen kaufen, Madame?", steht dann in einer Sprechblase über dem Kopf der Spielgestalt. Oder auch: „Wie wär's mit einem magischen Rabenkauz?" –
„Darf ich euch meine Vipernkatzen zeigen?" –
„Meine Wolfsdrachen sind die treusten und besten!"
Wozu mögen all die angepriesenen Tierchen nützlich sein? Sind sie beim Spiel von Vorteil?

Können sie Tharanika in bestimmten
Situationen helfen? Oder haben sie nur die
Funktion eines Haustiers, auf das man
aufpassen muss und für das man dauernd Futter
bereitzustellen hat?
Christopher wird Katharina fragen, ob
Tharanika so ein seltsames Wesen haben muss
oder nicht.
Vorläufig ignoriert er alle Angebote,
um erst einmal die Insel zu erkunden.
Im Norden herrscht unwirtliches und raues
Klima.
Die Vegetation ist bei Weitem nicht so üppig
wie im Süden. Aus wabernden Nebelschwaden
ragt im Westen eine vorgelagerte Insel aus dem
Meer.
Laut Beschreibung ist das die Insel Trabantis.
Um dorthin zu gelangen, braucht man wohl
ein Segelschiff. Volkania, eine weitere Insel,
ragt in südöstlicher Richtung kegelförmig
aus dem Wasser. Sie wirkt jedoch nicht sehr
einladend.
Es qualmt und wabert aus dem Vulkanschlot,

an der Nordwestflanke wälzen sich
dampfende Lavaströme ins Meer.
Als Christopher ein Stockwerk tiefer die
Toilettenspülung rauschen hört, wirft er
einen Blick auf die Uhr. Schon drei! Verdammt.
Wie schnell die Zeit verflogen ist! Er speichert
seine Einstellungen und fährt den Rechner
runter.
„Ist alles in Ordnung?", hört Christopher
seine Mutter vom Fuß der Treppe rufen.
Offenbar hat sie durch den Spalt
unter seiner Tür noch Licht bemerkt.
„Brauchst du was? Hast du Schmerzen?"
Bevor sie auf dumme Gedanken kommt und
nach ihm sieht, humpelt er zur Tür und steckt
den Kopf aus dem Zimmer. „Alles okay, Ma",
flüstert er gespielt verschlafen. „Hab nur was
getrunken."

Fünf Stunden später hockt Christopher zum
ersten Mal wieder in der Schule.

Als er mit seinen Krücken ins Klassenzimmer
gehumpelt ist, haben fast alle applaudiert.
Er hat sich gefragt, weshalb.
Jemandem Beifall zu spenden, der sich
beim Radfahren das Bein gebrochen hat,
ist eigentlich Quatsch.
Gefreut hat er sich über den freundlichen
Empfang trotzdem. Katharina hat ihn
eher zurückhaltend begrüßt, ihm nur kurz
und unauffällig zugelächelt.
Ist es ihr peinlich, dass sie sich gestern
so nahe waren? Bitte nicht! Oder will sie
nur nicht, dass die andern etwas mitbekommen?
Er fühlt sich, als hätte er Blei in den Gliedern,
ist zu müde, um klare Gedanken
zu fassen.
Wie soll er diesen Tag nur durchstehen?
Als es zur großen Pause gongt und die Lehrerin
ihm anbietet, im Zimmer zu bleiben,
wenn er möchte, ist ihm das nur recht.
Katharina kommt zu ihm herüber.
Christopher fühlt sein Herz rasen.
„Soll ich dir was aus der Cafeteria holen?"

So wie sie ihn ansieht, ist Christopher sich
sicher, dass auch ihr Herz schneller schlägt
als gewöhnlich. „Ähm, ja. Ich hätte gern ein
Gläschen Champagner und ein paar
Lachshäppchen. Bitte."
„Okay. Und was darf es wirklich sein?",
fragt sie lächelnd.
„Was soll die Frage? Das mit dem Schampus ist
mein Ernst." Er vergewissert sich, ob alle
anderen draußen sind, dann nimmt er allen Mut
zusammen und greift nach ihrer Hand. „Es ist
also doch kein Traum? Es ist wirklich
große Pause? Wir befinden uns tatsächlich
in der Schule?"
Katharina nickt.
„Dann hätte ich gerne einen Kakao
und ein Laugenbrötchen."
„Kommt sofort." Mit einem kurzen Blick über
die Schulter vergewissert sich Katharina,
dass sie allein sind, dann gibt sie ihm
einen Kuss auf den Mund und lässt ihn
allein zurück.
Christopher kann sein Glück kaum fassen.

Grinsend kneift er sich zur Kontrolle
in den Arm. „Autsch", sagt er leise.
Wie glücklich er ist, dass es wehtut!
Tatsächlich. Alles echt!

„Telefon!", ruft Christophers Mutter und reißt
ihn aus dem Schlaf.
Er hat sich nach der Schule erst mal hingelegt
und ist prompt eingeschlafen.
„Wer ist es denn?", fragt Christopher,
als ihm seine Mutter den Hörer hinhält.
„Ein Lehrer?", antwortet sie mit ratlosem
Schulterzucken.
Christopher schüttelt zweifelnd den Kopf.
Weshalb sollte ein Lehrer bei ihm anrufen?
Er räuspert sich. „Ja, hallo?"
Am anderen Ende meldet sich Herr Strasser.
Mit einem Anruf seines Trainers hat Christopher
nicht gerechnet. Er richtet sich auf, schaltet
nebenbei mit der Krücke den Computer an.
Herr Strasser will wissen, wie es ihm inzwischen

geht, und erkundigt sich ausführlich
nach der Schwere seiner Verletzungen.
Obwohl er nicht versteht, was das soll,
gibt Christopher bereitwillig Auskunft.
Während er erzählt, hievt er sich hinüber
an den Schreibtisch. Spielerisch lässt er
den Cursor über den Bildschirm flitzen.
Ehe er auf das Icon von ISLE OF MAGIC
klickt, stellt er den Ton aus. Der Trainer muss
die Auftaktfanfare des Spiels nicht hören.
„Mhm, verstehe", sagt Herr Strasser am Ende
des Krankenberichts. „Und?"
„Ähm, was und?", fragt Christopher unsicher.
„Hast du nicht nachgefragt, wann du wieder
einsatzbereit bist?"
„Nein. Wieso?"
Herr Strasser schweigt.
Und zwar merkwürdig lange.
„Herr Strasser?", fragt Christopher vorsichtig.
„Interessiert es dich denn überhaupt nicht,
wann du das Training wieder aufnehmen
kannst?"
„Doch. Natürlich. Wenn ich könnte, würde ich

auf der Stelle wieder ins Wasser. Aber wenn ich
die Ärzte frage, wie lange es dauert, wächst
der Knochen doch auch nicht schneller
zusammen."
„Wenn du meinst." Herrn Strassers Stimme
klingt enttäuscht. Genau wie neulich, als ihm
Mark, einer der besten Delfinschwimmer des
Teams, mitgeteilt hat, dass er das Training
hinschmeißt. Es hat Tage gedauert,
bis der Trainer seinen Frust verdaut hatte.
„Es ist jemand an der Tür. Gute Besserung."
Zack. Aufgelegt. Was war das denn jetzt?
Ein Rausschmiss? Christopher schüttelt
fassungslos den Kopf.
Das ist doch jetzt nicht wahr!
Herr Strasser muss doch wissen, wie wichtig
ihm die Schwimmerei ist und wie sehr er sich
immer reinhängt.
Wenn er was macht, dann richtig.
Damit soll jetzt einfach Schluss sein?
Weil er die Ärzte nicht gefragt hat, wann er
wieder zum Training kann?
Fassungslos legt er den Hörer zur Seite.

Auf den Schock erst mal eine Runde
ISLE OF MAGIC.
Das bringt ihn auf andere Gedanken.

Christopher lässt Tharanika umherstreifen.
Sie begegnet immer neuen Händlern, die teils
sinnvoll erscheinende, teils absurd wirkende
Gegenstände verkaufen wollen.
Würde die Wetterhexe auf jedes Angebot
eingehen, wäre Tharanikas Grundausstattung
an Inselwährung schnell dahin.
Bei einer alten, schrumpeligen Trödelmamsell
kann sie schließlich nicht mehr widerstehen.
Auch wenn die Alte ihre Ware auf seltsame
Weise anbietet. Mit einem zahnlosen Grinsen
öffnet sie ihren speckigen, bodenlangen Mantel
und zum Vorschein kommen Dutzende
Wetterfrösche, die mit verbogenen,
rostigen Sicherheitsnadeln ins Futter geheftet
sind. Die meisten sind tot und sorgfältig
getrocknet, einige allerdings zucken noch.

Im Grunde ein recht widerlicher Anblick.
Tharanika lässt sich jedoch von dem Angebot
überzeugen und ist sich sicher,
dass Wetterfrösche für eine Wetterhexe
von größtem Nutzen sein können. Sie erwirbt
ein ganzes Dutzend.
Kaum ist der Handel abgeschlossen, steigt eine
ihrer Powersäulen um mehrere Einheiten.
„Yes!" Christopher ballt die Faust.
Zufrieden ziehen er und seine Wetterhexe
weiter.
Während die beiden die südlichen Provinzen
durchkämmen, machen sie sich mit den
Abläufen auf der ISLE OF MAGIC vertraut.
Mit dem Dark Forest erschließt sich ihnen
ein geheimnisvoller Wald. Eher zufällig
entdeckt Christopher, dass Tharanika Rinde
von Bäumen, Moose, Beeren und auf dem
Waldboden verstreute Knochenstücke sammeln
und damit ihr Potenzial steigern kann.
Beim Besuch eines Wochenmarkts stellen sie fest,
dass sich fast alles, was Tharanika gesammelt
hat, gewinnbringend weiterveräußern lässt.

Kaum hat sie ihren Kontostand an Inselwährung
mit wenigen Deals erhöht, tritt ein Goldgnom
an sie heran und bietet hohe Zinsen,
wenn die Wetterhexe das erworbene Geld
bei der Bank of Magic anlegt.
Das Angebot ist verlockend.
Handelt es sich um eine Falle?
Ist der Gnom ein Betrüger?
Nach kurzem Zögern lassen sich Christopher
und Tharanika auf die Geldanlage ein.
Erfahrungen sammeln – das ist die richtige
Strategie.
So gerät auch ein Umhang, der den Zutritt
zum Inneren des Vulkans auf der vorgelagerten
Insel verschaffen soll, in Tharanikas virtuellen
Korb. Sein Fassungsvermögen scheint unendlich
und alles, was Tharanika darin verstaut hat,
findet sich in der Vorratskammer wieder,
die jeder Spielfigur zur Verfügung steht.
„Christopher!", ruft seine Mutter zum
Abendessen.
Zum denkbar ungünstigsten Zeitpunkt!
Gerade hat Tharanika einen Drachenbesen

erworben, mit dem sie sich um ein Vielfaches
schneller fortbewegen kann als zu Fuß.
„Ja! Gleich!" Nur eben schnell Tharanika
aufsitzen lassen, um die Flugeigenschaften
des Besens zu testen.
„Christopher!", ruft sein Vater. „Komm jetzt!"
„JA-HA!"
Das sind die Momente, in denen sich
Christopher über die Prinzipienreiterei seines
Vaters aufregt.
Warum kapiert er nicht, dass es Wichtigeres
gibt, als gemeinsam am Tisch zu sitzen?
Bloß weil er beruflich andauernd unterwegs ist,
muss er immer alle um sich haben, wenn er
zufällig mal zur Essenszeit da ist. Dass während
des Essens die Glotze läuft, ist undenkbar.
Dasselbe gilt auch für Musik. Damit man sich
zivilisiert unterhalten kann, wie sein Vater
immer betont. Bevor man endlich reinhauen
darf, hat man sich gegenseitig guten Appetit
zu wünschen.
Das ganze Programm.
Und ohne Constantin, seinen einzigen

Verbündeten in diesem Punkt, steht er auf
verlorenem Posten.

Also speichert Christopher den Verlauf, gönnt
Tharanika eine Pause und humpelt nach unten.

„Was macht die Rippe?", eröffnet sein Vater
das Tischgespräch.

„Ganz okay. Zwickt immer weniger."

Soll er den Anruf seines Trainers erwähnen?
Soll er erzählen, wie merkwürdig ihm
das Gespräch vorgekommen ist?
Vielleicht haben seine Eltern eine Idee,
weshalb Herr Strasser so seltsam drauf war und
offensichtlich nichts mehr von ihm wissen will.

„Und deine Freundin?", unterbricht sein Vater
den Gedanken.

„Hä?" Christopher schaut ihn verwundert an.
Er wendet sich an seine Mutter: „Was soll das
denn jetzt?", fragt er genervt.

„Deine Mutter hat mir schon alles erzählt",
erklärt sein Vater mit einem Augenzwinkern.

„Ma?! Katharina und ich haben *Hausaufgaben*
gemacht!", sagt Christopher verärgert.

„Aber das muss dir doch nicht peinlich sein",

entgegnet seine Mutter in verständnisvollem
Ton.
„Peinlich? Mir? Wenn hier irgendetwas peinlich
ist, dann sind das deine bescheuerten
Anspielungen!"
„Christopher!", knattern seine Eltern
wie aus einem Mund.
„Was denn?" Christopher nimmt die Serviette
vom Schoß und wirft sie auf den vollen Teller.
„Christopher! Jetzt reicht's mir aber!", sagt sein
Vater scharf.
„Ja. Mir auch." Er rückt den Stuhl vom Tisch
und humpelt, so schnell es mit den verdammten
Krücken geht, davon.
„He! So läuft das aber nicht! Komm sofort
zurück!", hört er seinen Vater rufen.
Ein Stuhl rückt geräuschvoll vom Tisch.
„Lass ihn, Gerald", hört Christopher seine
Mutter sagen. „Beruhigt euch erst mal.
Alle beide. Sonst gibt es nur noch mehr Stress."
Noch mehr Stress?, denkt Christopher.
Geht doch gar nicht.
Den Waffenstillstand der letzten Tage hat es

doch nur gegeben, weil er sich das Bein
gebrochen hat. Zuvor hatte er ständig Zoff
mit seinen Eltern.
Nur wegen ein paar schlechter Noten.
„Christopher, was ist los mit dir?"
„Christopher, dein Bruder hat die Schule
doch auch geschafft."
„Christopher, wenn du deine Leistungen nicht
wieder nach oben bringst, ist Schluss mit
Schwimmen."
„Christopher, so geht's nicht."
„Christopher, setz dich endlich hin und tu was."
Er kann das alles nicht mehr hören.
In seinem Zimmer angekommen, knallt er
die Tür ins Schloss. Wenn sie Stress wollen,
gibt's eben Stress. Sie können ihn mal.
Alle beide.
Und der Strasser auch! Kreuzweise!
Er dreht den Schlüssel um. In sein Zimmer
kommt keiner mehr rein, den er nicht
drin haben will.
Und die brauchen sich gar nicht einzubilden,
dass er sein Zimmer heute noch mal verlässt.

Die virtuelle Insel wartet. Dort geht ihm
wenigstens keiner auf die Nerven!
Gegen zehn hört Christopher, wie seine Mutter
versucht, geräuschlos die Treppe
heraufzuschleichen. Mit einem Mausklick lässt
er Tharanika innehalten. Seine Mutter klopft.
Zaghaft und leise. Christopher ignoriert sie.
Reglos starrt er auf seinen Bildschirm.
„Christopher?", fragt sie kaum hörbar durch
die Tür. „Machst du bald mal das Licht aus?"
Sie geht wieder hinunter.
Licht aus. Von wegen.
Er dichtet die Türritze
am Fußboden mit einem Sweatshirt ab.
Über das Schlüsselloch klebt er
einen Streifen Klebeband.
Dann kehrt er an den Bildschirm zurück.
Als er gegen zwei den Computer schließlich
runterfährt, hat es Tharanika auf Level acht
geschafft. Nicht schlecht für einen Tag.

„Dein Vater hat dir eine Woche Hausarrest aufgebrummt", teilt Christophers Mutter beim Frühstück mit.

Christopher bekommt vor Müdigkeit die Augen kaum auf. Und dann so was. Ausgerechnet vor dem Wochenende.

„Na und?", grummelt er trotzig.

„Wenn's ihm Spaß macht."

„Christopher!" Sie steht auf und lässt ihn allein am Tisch hocken.

„Was hat er eigentlich davon, mich hier einzusperren, wenn er sowieso ständig weg ist?", mault er gespielt gleichgültig hinter ihr her.

Angewidert schiebt er das Frühstück von sich, setzt seinen Rucksack auf, schnappt sich die verdammten Krücken und humpelt zum Bus.

In der Schule erwartet ihn Katharina.

„Wieso bist du denn gestern nicht ans Telefon gegangen?", fragt sie enttäuscht.

„Vielleicht, weil es nicht geklingelt hat?",
antwortet er übellaunig.
„Ich bin fünfmal auf deiner Mailbox gelandet."
Er zieht das Handy aus der Tasche. Tot. „Shit.
Hab vergessen, es ans Ladegerät zu hängen.
Sorry. Gab's was Wichtiges?"
Sie strahlt ihn an. „Wollte nur fragen, ob du
heute Abend Lust auf Kino hast."
Natürlich hat er Lust, mit ihr ins Kino
zu gehen. Weil er seit dem Unfall keinen Cent
ausgegeben hat, könnte er sie sogar einladen!
„Lust ja, aber ich kann nicht", antwortet er
knapp.
„Ist irgendwas? Bist du sauer auf mich?",
fragt Katharina verunsichert.
„Quatsch, aber ich kann nicht weg.
Hausarrest."
„Was? Wie lange?"
„Eine Woche."
Sie schüttelt fassungslos den Kopf.
„Und weshalb?"
Was soll er sagen?
„Der übliche Stress eben."

Katharina zieht die Mundwinkel breit.
„Der Film läuft nur noch heute."
„Musst du eben ohne mich gehen", sagt
Christopher Richtung Tischplatte.
„Allein ins Kino. Echt prickelnd. Erlauben deine
Eltern bei Hausarrest Besuch?"
Christopher hebt den Kopf. Ein Lichtblick.
Er grinst. „Keine Ahnung. Denk schon.
Wann kommst du?"
Katharina zögert. „Na ja, wenn ich heute nicht
ins Kino gehe ..."
„Wenn du den Film unbedingt sehen willst,
musst du auf mich keine Rücksicht nehmen",
antwortet Christopher großzügig.
Obwohl er sich das Gegenteil wünscht.
„Ich denk drüber nach", antwortet sie strahlend.
„Du bist ein echter Schatz." Sie drückt ihm
einen Kuss auf die Wange.
Ein paar Mitschüler kommentieren den Kuss
aus der anderen Ecke des Klassenzimmers
mit Gejohle. Ohne hinzusehen, zeigt ihnen
Christopher wortlos den Mittelfinger.
Er weiß, dass Patrick zu dieser Gruppe gehört.

Mit dem ist er schon häufig aneinandergeraten.
Katharina gibt Christopher für seine rüde Geste
einen spielerischen Klaps.
„Ist doch wahr", sagt er.
Das kleine von Katharina ausgelöste Stimmungs-
hoch ist leider nur von kurzer Dauer.
Gleich in der ersten Stunde bekommen sie
die Englischarbeit zurück, die sie
vor zwei Wochen geschrieben haben.
Die nächste Fünf. Super.
Als ob er nicht schon genug an der Backe hätte.
Seit fast einem halben Jahr texten ihm
seine Eltern wegen seiner schulischen Leistungen
die Ohren voll. Seitdem hat er ihnen die Noten
kaum noch gezeigt.

Am Nachmittag dringt die Auftaktmelodie der
ISLE OF MAGIC in seinen Schlaf. Zunächst
peilt er nicht, was das soll. Träumt er von
Tharanika?
Erst als er zusätzlich den brummenden

Vibrationsalarm seines Handys wahrnimmt, kapiert er, was Sache ist. Katharina versucht ihn zu erreichen. Er hat den Klingelton von ISLE OF MAGIC heruntergeladen und auf Katharinas Nummer gespeichert.
Er hüpft zum Schreibtisch, wo sein Telefon noch immer am Ladegerät hängt.
„Hi, Kathi!"
„Ähm, du, wenn mich jemand Kathi nennt, ähm, gefällt mir das nicht so wirklich."
„Entschuldige", sagt er kleinlaut, obwohl das mit der Abkürzung eigentlich nur lieb gemeint war.
„Hab ich dich geweckt?"
„Ach was. Und selbst wenn – du bist die Einzige, die das darf."
„Du ...", sagt sie zögernd.
„Was denn?"
„Anne hat angerufen. Sie hat auch Lust auf den Film und mich gefragt, ob ich vielleicht mitkomme."
„Okay."
„Jetzt bist du sauer."

„Nein, geh ruhig. Hab ich doch schon heute Morgen gesagt."
„Du klingst aber so komisch."
„Ach was, nein, schon in Ordnung. Viel Spaß."
„Und was machst du noch?"
„Ich werd mich wohl mit Tharanika auf der Insel rumtreiben."
„Was? Mit wem?"
Fast hört sie sich ein wenig eifersüchtig an.
„Mit Tharanika, so heißt meine Wetterhexe", antwortet Christopher leicht verunsichert.
Katharinas Namen mit Kathi abzukürzen, war ja auch nicht so gut bei ihr angekommen.
„Das ist ja ein Anagramm meines Namens!"
„Mhm."
„Du bist ja süß."
„Und was ist mit morgen?", fragt Christopher.
„Familienalarm. Wir fahren morgen zu meiner Oma. Sie hat Geburtstag."
„Dann sehen wir uns am Montag in der Schule", erwidert Christopher knapp.
„Ja."
Beide schweigen.

„Rufst du mich am Wochenende mal an?",
beendet Katharina die merkwürdige Pause.
„Okay."
„Tschüss dann."
„Ja, tschüss."
Er lässt das Handy sinken. Scheiß Hausarrest!
Wenn er nicht mal Katharina sehen kann,
ist das Isolationshaft! Er geht online.
Wenigstens Tharanika kann ihm jetzt Gesellschaft leisten.

Gegen sieben ertönt erneut die Auftaktfanfare
aus Christophers Handy.
„Katharina?"
„Hi, Anna hat in letzter Sekunde abgesagt."
„Ist ja doof."
„Dumm gelaufen, ja. Was läuft bei dir?"
„Tharanika hat sich gerade mit so einem fiesen
Gnomen angelegt."
„Mmh."
„Ist irgendwas?"

„Na ja, du hängst jetzt seit vier Stunden vorm Rechner …"

„Was soll ich machen? Schon vergessen? Ich hab Hausarrest."

„Mmh … Wo steckt deine Wetterhexe denn gerade?"

„Im Süden der Insel, wieso?"

„Kennst du den Marktplatz im Dorf?", fragt Katharina.

„Klar."

„Geh mal hin."

„Und dann?"

„Mach einfach."

„Okay", erwidert Christopher verwundert. Erst als er im Hintergrund die IOM-Fanfare hört, dämmert ihm, was Katharina vorhat.

Christopher legt sein Handy zur Seite und begibt sich mit Tharanika zum Marktplatz. Kaum ist er dort, taucht ein Schwarzmagier namens Parogin auf. Das muss Katharina sein!

Parogin: Darf ich der schönsten aller Hexen meinen abendlichen Gruß erbringen?

Christopher schüttelt den Kopf über Katharinas altmodische Ausdrucksweise und sucht nach einer möglichst ebenso blumigen Antwort.

Tharanika: Seid gegrüßt, edler Magier. Gewährt mir die Bitte, Euch ein Stück begleiten zu dürfen.
Parogin: Eure Gesellschaft ist mir höchst willkommen.
Mortimer: Nehmt euch ein Zimmer, wenn ihr kuscheln wollt.
Parogin: @ Tharanika: Lasst uns lieber flüstern.
Tharanika: Flüstern???

Christopher hat keine Ahnung, was damit gemeint ist.
Katharina erklärt ihm, welche Funktion er anklicken muss, damit kein anderer Spieler mehr mitlesen kann.

Parogin: Nun sind wir ungestört, geschätzte Tharanika.
Tharanika: Was haltet Ihr von einem Streifzug über die Insel, mächtiger Magier?
Parogin: Mit dem allergrößten Vergnügen, liebste Wetterhexe.
Tharanika: Das Vergnügen ist ganz auf meiner Seite. Mit Euch würde ich die Insel auf immer und ewig durchstreifen.
Parogin: Ich hätte es nicht schöner ausdrücken können.

Parogins Worte lösen in Christophers Magengrube ein kleines Feuerwerk aus. Während ihres gemeinsamen Streifzugs erfüllt es ihn mit Stolz, dass Tharanika den Süden der Insel besser zu kennen scheint als der Magier.
Sie folgen den hölzernen Wegweisern in den Trollwald, um dort nach einer Tarnkappe zu suchen, die in höheren Levels von großem Nutzen sein soll.

Tharanika: Seid Ihr sicher, dass Ihr die Gefahren des Trollwaldes auf Euch nehmen wollt?
Parogin: In Eurer Gesellschaft fühle ich mich absolut sicher.
Tharanika: Dann lasst uns von nun an immer gut aufeinander achtgeben.

Tharanika erhält keine Antwort. Reglos steht der Magier neben der Hexe.

Tharanika: Parogin?
Parogin: Verzeiht, allerschönster Wetterhexerich, meine Ahnen bitten mich um eine Unterredung. Gehabt Euch wohl. Wir sehen uns am Montag.

Ehe Tharanika den Gruß erwidern kann, richtet Parogin den Zauberstab gen Himmel, ein goldener Wirbelsturm erhebt sich und ein glitzernder Regenschauer prasselt auf Tharanika herab. Die Powerleiste der Wetterhexe füllt sich bis zum Anschlag. Der glitzernde Punkteregen war offenbar eine Art Abschiedsgeschenk.

Da Tharanika Parogin weder danken, noch ihn
zurückholen kann, zieht sie alleine weiter.
Level um Level arbeitet sie sich höher.
Die Aufgaben werden anspruchsvoller
und komplexer.
Dennoch fühlt sich Christopher inzwischen
auch den Anforderungen eines Clans gewachsen.
Vielleicht ist der Moment gekommen,
sich einem Clan anzuschließen?
Er blickt auf die Uhr. Mitternacht. Wow.
Doch schon so spät. Egal. Morgen ist schulfrei.

„Yes!", ruft Christopher, als ein Clan-Meister
auf Tharanikas Bitte um Aufnahme antwortet.

Meister: Du suchst Aufnahme im Clan der
Magic Mushrooms, Tharanika?
King of the Island: Bist du sicher, dass wir so eine
20er-Level-Tussi aufnehmen wollen?
Meister: Alle haben mal klein angefangen.
Wir werden sehen.

Tharanika: Ich denke schon, dass ich das hinbekomme.

Meister: Verfügst du über eine Erlaubnis, das Innere des Vulkans zu betreten?

Tharanika: Klar!

Eskalon: He, ist doch gut! Eine Wetterhexe mit exakt diesen Eigenschaften hat uns noch gefehlt.

Bumblebee: Warst du schon auf Volkania, Tharanika?

Tharanika: Nein.

King of the Island: Das wird nichts, Leute!

Tharanika: Ich pack das! Und ich halte mich zurück, bis ihr sagt, wann ich eingreifen soll.

Herotwo: Was'n das für'n Baby?

Meister: Du wirkst in der Tat sehr jung, Tharanika.

Tharanika: Ich bin alt genug für dieses Abenteuer!

Meister: Lasst es uns versuchen.

King of the Island: Bin dagegen!

Meister: Gemeinschaft der Magic Mushrooms, die Entscheidung ist getroffen. Willkommen in unserem Clan, Tharanika. Lasst uns nach Volkania ziehen. Wir werden uns der Gefahr stellen.

Tharanika: Und wie kommen wir nach Volkania?

King of the Island: Hast du keinen Besen? Du bist doch Wetterhexe!

Tharanika: Sicher hab ich einen Besen. Aber mit einem Schiff überzusetzen wäre doch auch möglich, oder?

Meister: Wir chartern im Hafen von Sarkanz eine Kogge. Das ist die günstigste Variante!

Der Clan der Magic Mushrooms setzt bei rauer See zur Insel Volkania über.

Meister: Seht ihr die Felskuppen in der Südflanke des Kegels?

Tharanika: Was ist mit denen?

Meister: Hinter jeder einzelnen lauert ein Lavamolch. Die niederträchtigen Fieslinge werden uns mit heißer Lava empfangen. Passt auf, was hinter den Felskuppen zum Vorschein kommt. Wer verfügt über Hypnoseblick?

Tharanika: Ich! Geladen bis zum Anschlag.

„Christopher?!", fragt seine Mutter durch
die geschlossene Tür. „Was machst du denn
so spät? Sitzt du immer noch am Computer?"
„Was?", grummelt er verschlafen Richtung Tür,
ohne den Blick vom Bildschirm zu wenden.
„lol", liest er in der Chat-Zeile.
Was ist lol?, tippt er, ohne nachzudenken.
Er hat die drei Buchstaben schon mal gelesen.
Irgendeine Abkürzung.
„Mach sofort das Ding aus!" Seine Mutter
drückt die Klinke. Wie gut, dass er den Schlüssel
umgedreht hat.

King of the Island: DER KENNT LOL NICHT!
LOL LOL LOL!!!
Meister: Es bedeutet laughing out loud. Das schreibt
man, wenn man etwas lustig findet.

„Gleich!", ruft Christopher zur Tür.
„Aber wirklich!", ruft seine Mutter zurück.
„JA!"

Meister: @ Tharanika: Sobald sich ein Lavamolch zeigt, musst du den Hypnoseblick einsetzen. Und zwar pronto. Die Dinger sind flink wie nix.
Tharanika: Dann hauen wir sie eben weg wie nix!
King of the Island: Was für ein Clown!
Eskalon: @ Tharanika: Hör nicht auf King of the Island. Konzentrier dich lieber auf deinen Hypnoseblick.

Schon reckt der erste Lavamolch den Kopf hervor und speit eine Kaskade glühender Lava auf sie herab.
Ehe Tharanika mit ihrem stahlblauen Hypnoseblick reagieren kann, ist der Lavamolch wieder in Deckung.

King of the Island: Geht das nicht schneller bei dir? Die Wettertussi ist voll unfähig!
Meister: Keine Beschimpfungen!
King of the Island: Die hat doch null Ahnung von Tastenbelegung!!
Bumblebee: Kümmert euch lieber um die verdammten Molche!

Tharanika: Tastenbelegung?
King of the Island: KOMM WIEDER, WENN DU ES KANNST!

Beim nächsten Lavaschwall fängt das Segel der Kogge Feuer.

Meister: Wir brauchen Wasserzauber!

Keine Antwort.
Rasend schnell breiten sich die Flammen aus.
Ein loderndes Flammenmeer auf dem Wasser.
Die Kogge gerät in Schieflage, kentert
und geht unter.
„Wow!", stößt Christopher, vom Spektakel der Bilder beeindruckt, hervor.

King of the Island: Wenn diese Wetterhexe nicht rausfliegt, such ich mir einen anderen Clan, Leute.
Eskalon: Da hält sich der Schaden in überschaubaren Grenzen. Lol.
Meister: Hört auf damit. Lasst uns abstimmen. Wer ist dafür, dass die Wetterhexe bleibt?

Wieso lassen sie nicht einfach diesen
Dauernörgler gehen?, denkt Christopher.
Ein Rausschmiss ist unter der Würde
der Wetterhexe. Da geht sie lieber freiwillig.
Ein Mausklick, weg ist sie. Christopher blickt
auf die Powerleiste. Der Ausflug nach Volkania
hat Tharanika jede Menge Power gekostet.
Damit sich die Wetterhexe erholen kann,
muss Christopher das Spiel ruhen lassen.
Es geht inzwischen sowieso schon auf drei zu.
Er schaut noch mal auf sein Handy. Verdammt.
Katharina hat um Viertel vor zehn noch einmal
versucht ihn anzurufen.
Wie hat er das nur überhören können?

Am Samstag schält sich Christopher gegen
zwei Uhr nachmittags aus den Federn.
Er humpelt nach unten in die Küche.
Ohne Krücken. Allmählich kann er sein Bein
wieder belasten.
Am Küchentisch sitzt sein Vater.

Als er Christopher kommen hört, lässt er
die Zeitung sinken, blickt flüchtig auf die Uhr.
„Mahlzeit."
Soll das etwa ironisch sein? „Lol, lol",
grummelt Christopher knapp.
„Wie bitte?", fragt sein Vater.
„Hallo", antwortet Christopher ganz
selbstverständlich, als hätte er das eben
auch gesagt. Er öffnet den Kühlschrank,
um sich ein Glas Milch einzuschenken.
Direkt aus dem Karton zu trinken,
ist in Gegenwart seines Vaters undenkbar.
Bloß nicht schon wieder einen Grund zum
Meckern liefern.
„Wie war die Reise?", fragt Christopher,
weil er angespanntes Schweigen noch schlimmer
findet als über Belanglosigkeiten zu reden.
„Danke. War okay", sagt sein Vater. „Und?"
„Was und?"
„Wie wär's mit einer Entschuldigung?"
Christopher sieht ihn unverwandt an. „Wofür?
Dafür, dass ich unter Hausarrest stehe?"
Sein Vater verdreht die Augen. „Vielleicht auch

für den Grund, weshalb du unter Hausarrest stehst?"

„Wenn du mir den Grund mal erklären könntest?", erwidert Christopher und erntet fassungsloses Kopfschütteln.

Als seine Mutter die Küche betritt, spürt sie die frostige Atmosphäre zwischen den beiden sofort. „Oje", sagt sie und stellt nahezu geräuschlos den Getränkekorb auf den Tisch. Ehe sich Christopher zurückziehen kann, beruft sie eine Krisensitzung ein.

„Was ist nur los mit dir?", beginnt sie das Gespräch.

Widerwillig fläzt Christopher sich an den Tisch. „Nichts."

„Uns ist doch klar, dass dir der Unfall einiges kaputt macht", versucht sie es mit Verständnis für seine schlechte Laune.

„Wow. Scharf beobachtet", grummelt Christopher. „Und kaum bin ich aus dem Krankenhaus, ruft der Strasser an und fragt mich, wann ich endlich wieder ins Training komme."

„Was?"

„Dieser Idiot …"

„Christopher!", fällt ihm sein Vater scharf ins Wort.

Christopher sieht ihn mit eiskaltem Hypnoseblick an. „Dieser Idiot", sagt er noch einmal, „ist sauer, weil ich die Ärzte nicht gefragt habe, wann ich wieder trainieren kann. Und jetzt glaubt er, ich hätte kein Interesse mehr am Schwimmen und kantet mich raus. Einfach so! Am Ende hat er noch was von Gute Besserung geblubbert und aufgelegt. Ohne Gruß und so."

„Was?", fragt seine Mutter.

„Wann?", fragt sein Vater.

„Letzten Freitag. Der Anruf … ihr wisst schon."

Christopher kann es sich nicht verkneifen: „Arschloch."

„Christopher!", sagt sein Vater.

Seine Mutter hebt beschwichtigend die Hand.

Christopher entscheidet sich, die Strategie zu wechseln und macht einen auf kleinlaut: „Deshalb war ich abends ja so neben der Spur."

„Wieso erzählst du uns so was nicht?",
fragt seine Mutter.
„Der kann was erleben!", richtet sein Vater
seinen Groll nun gegen ein neues Opfer.
„Nein!", protestiert Christopher. „Misch dich
nicht ein!"
Sein Vater schnappt nach Luft.
„Willst du denn tatsächlich nicht mehr
schwimmen?", fragt seine Mutter.
„Doch, schon."
„Dann sag ihm das."
„Hm."
„Was ‚hm'?"
„Wenn ich wieder fit bin."
Seine Eltern sagen nichts.
„Und mal ehrlich", fährt Christopher Richtung
Tischplatte fort, „die Anspielung neulich
wegen Katharina, das war echt daneben!
Wir haben Hausaufgaben gemacht!
Katharina kann einfach irre gut erklären.
Und dann kommt ihr und grinst euch eins
von wegen Freundin und so."
Aus den Augenwinkeln beobachtet Christopher,

dass seine Eltern sich bedeutungsvolle Blicke zuwerfen. Scheinbar hat er sie eingewickelt. Wenn sie ihm wieder vertrauen, hören sie vielleicht auf, ihn ständig zu kontrollieren. Er spielt eine letzte Trumpfkarte: „Die Schimpfwörter sind mir einfach rausgerutscht. Sorry."

Sein Vater nickt. „Wie wär's mit einem Straferlass mit sofortiger Wirkung?", wendet er sich an seine Frau. „Einverstanden."

Ein Anruf von Katharina verschafft Christopher schließlich auch noch einen eleganten Abgang aus diesem Krisengespräch mit überraschendem Ende.

„He, du meldest dich wohl auch nie von selbst?", fragt sie vorwurfsvoll.

„Ähm, sorry. Hab lang geschlafen", antwortet er, während er nach oben in sein Zimmer humpelt.

„Das hab ich auch."

„Musste auch noch was mit meinen Eltern
klären. Wegen Hausarrest und so.
Hat länger gedauert."
„Und?"
„Was und?"
„Ist jetzt alles klar?"
„Ja, schon", sagt Christopher.
„Super."
„Wir könnten Montag ins Kino gehen", schlägt
Christopher vor.
„Hallo? Schreiben wir nächste Woche vielleicht
vier Arbeiten?", erinnert ihn Katharina.
„Ja, echt Scheiße. Wieder alles auf den letzten
Drücker in der Woche vor den Ferien."
„Danach wäre mir auch lieber", stimmt
Katharina zu. „Dann wäre mehr Zeit zum
Vorbereiten."
„Lernen wir zusammen?", fragt Christopher.
Am anderen Ende der Leitung ist es ganz still.
Christopher kennt Katharinas Ehrgeiz.
Im Gegensatz zu ihm geht Katharina
nie unvorbereitet in eine Arbeit.
Trotzdem ist sie keine Streberin. Sie hat nur

das verdammte Glück, dass sie
Naturwissenschaften spannend findet
und ihr Sprachen irgendwie Spaß machen.
Und sie macht auch nie Stress, wenn man mal
was abschreiben muss.

„Wenigstens Mathe", bettelt Christopher.

„Da peil ich wieder mal gar nichts."

„Ist aber schon Dienstag dran."

„Eben. Da bleibt nur noch Montagnachmittag.
Kommst du zu mir?"

„Kannst du nicht auch mal zu mir …"

„Im Moment wäre es ganz gut, wenn meine
Eltern mitbekommen, dass ich was für die
Schule mache. Nach all dem Stress …"

„… willst du den braven Jungen geben",
fällt ihm Katharina lachend ins Wort. „Okay,
du Mathehasser", sagt sie sanft.

„Cool, ich freu mich. Also … auf dich.
Viel Spaß mit der Verwandtschaft."

„Danke. Tschüss."

„Tschü." Er drückt das Handy aus.
Eine Freundin zu haben, ist so was von klasse!
Eine? Stimmt doch gar nicht! Er hat ja zwei!

Was für ein geiler Luxus! Die eine
im richtigen Leben, die zweite virtuell.
Während die eine leider auch noch Großeltern
zu bespaßen hat, ist die andere jederzeit
für ihn da.
Apropos: Das nächste Level ruft!

Am Montag fühlt sich Christopher wie gerädert.
Lediglich zwei Dinge sind es heute wert,
wach zu bleiben: Katharina und das Ziel,
das er sich mit Tharanika für den Nachmittag
gesetzt hat: Level vierzig ist in greifbarer
Nähe.
Wenn er sich nach der Schule beeilt,
kann er diese Hürde nehmen, ehe Katharina
am späten Nachmittag zu ihm kommt,
um Mathe mit ihm zu lernen.

Doch Katharina taucht früher bei ihm auf
als erwartet.

„Bin gleich so weit", sagt er, ohne aufzublicken,
als sie sein Zimmer betritt. Dass seine Freundin
geklingelt hat und von seiner Mutter
hereingelassen wurde, hat er gar nicht
mitbekommen.

„Setz dich doch."

„Wohin denn?", fragt Katharina, bekommt aber
keine Antwort. Mit spitzen Fingern wirft sie
ein schmuddeliges Shirt vom Sitzsack
auf den Fußboden und macht das Fenster auf.
Da sich auf der Fensterbank leere
Kekspackungen und Getränkekartons stapeln,
lässt es sich nur kippen.

„He, da kommt's kalt rein", beschwert sich
Christopher.

„Nur mal eben lüften. Die Luft ist zum
Schneiden."

„Ich erfriere!", ruft Christopher über die
Schulter.

„Und ich ersticke. Hast du's bald?"
Sie stellt sich neben ihn, legt eine Hand

auf seine Schulter. Er neigt den Kopf,
schmiegt zur Begrüßung kurz seine Wange
an ihre Hand.
„Tharanika muss nur noch schnell ihrem
Flugdrachen das Fliegen beibringen.
Ist echt knuffig, der Kleine. Frisch geschlüpft.
Bin gleich so weit. Höchstens fünf Minuten …
Au, Mann! Scheiße! Jetzt ist er schon wieder
abgeschmiert …"
„Lass mal lieber", sagt Katharina. „So wie es
aussieht, ist der Drache zu stark verletzt.
Der nibbelt dir auch bei allerbester Pflege ab.
Das ist meinem Schwarzmagier auch passiert.
Und selbst wenn er sich berappelt, kostet das
viel zu viel Heilenergie, und wenn es
darauf ankommt, kannst du dich trotzdem nicht
auf das Vieh verlassen. Ein verletzter
Flugdrache wird nie wieder der Alte.
Wenn du einen vernünftigen Flugdrachen
haben willst, kehrst du zurück nach Volkania
zum Drachenberg und klaust dir ein neues Ei
aus Dragonas Nest. Das geht schneller,
dauert höchstens eine halbe Stunde."

„Super Tipp, danke", sagt Christopher,
ohne die Finger von den Tasten zu nehmen.
„Tharanika hat aber schon eine andere Lösung.
Sie hat Dragona auf Volkania gleich zwei Eier
aus dem Nest geklaut."
Er klickt auf das Vorratslager der Wetterhexe
und besorgt sich aus einem der gigantischen
Regale ein neues Drachenei.
Mit Tharanikas Wärmeblick, bei dem sich
ihre Augen blutrot färben, brütet er das Ei aus.
Einen Moment später sitzt der nächste drollige
Flugdrache in ihrem Drachengehege.
Christopher und Katharina amüsieren sich
köstlich über das tollpatschige Wesen.
Es stolpert über kleinste Äste und Steine,
die am Boden liegen.
„Pass auf!", sagt Katharina. „Da links.
Das Loch im Zaun. Sobald der kleine Kerl
kapiert, wofür er Flügel hat, kann er dir durch
die Maschen ..."
„Verdammt!", schimpft Christopher. „Warum
sagst du mir so was nicht früher? Jetzt muss ich
doch noch mal nach Volkania!"

Katharina atmet tief durch,
sagt aber nichts mehr.
Stattdessen fläzt sie sich auf den Sitzsack
und holt ihr Mathebuch raus. Als sie nach
einer Viertelstunde das Fenster schließt,
weil ihr kalt wird, bekommt Christopher
das nicht einmal mit. Zwei Stunden später
hat sie das Gefühl, für die morgige Arbeit
gut gerüstet zu sein. Christopher steckt noch
immer auf Volkania fest.
„Ich geh dann mal", sagt Katharina.
Christopher drückt auf Pause. „Was? Wieso?
Wir haben noch gar nicht angefangen."
„Wir? Ich schon."
„Ups", sagt er. „Musst du echt schon los?"
„Jap."
„Schade." Er steht auf, schließt sie
in die Arme, gibt ihr einen Kuss.
Katharina windet sich aus der Umarmung. „Sieh
dir Mathe wenigstens noch mal an, ja?", sagt sie
zum Abschied.
„Klar. Muss nur zur Bank of Dwarfs, um die
ganze Kohle wegzubringen.

Sonst wird mir Tharanika noch überfallen und ausgeraubt. Danach fahr ich die Kiste runter." Christophers Mathe-Testblatt am nächsten Morgen bleibt weiß.

Bei allem Schulstress, den die verehrte Lehrerschaft in die letzte Woche vor den Ferien gepackt hat, fängt Christophers Mutter prompt wieder an herumzuzicken.
Da sie ihrem Sohn nicht mehr abkauft, dass er das Licht um elf ausmacht, zieht sie abends den Stecker des Internet-Routers heraus.
In der ersten Nacht gelingt es Christopher, sich nach unten zu schleichen und die Verbindung wieder herzustellen.
Am nächsten Abend nimmt seine Mutter den Router mit ins Schlafzimmer.
Natürlich erzählt sie alles brühwarm seinem Vater, als der sich wieder mal zu Hause blicken lässt. Stress hoch zwei. Er bezeichnet Christophers Verhalten als unverantwortlich.

Ob er nicht sehe, dass er damit seine Zukunft
gefährde?
Bla, bla, bla. Lol, lol.
Schließlich kommen seine Eltern auf die Idee,
den Router nur noch hervorzuholen,
wenn sie selbst ins Internet müssen.
Das ist der Gipfel!
Christopher stürmt aus dem Haus.
Seine Eltern sind anscheinend nicht mehr
ganz bei sich! Er geht zu Katharina.

„Sie haben die Internetverbindung gekappt?",
fragt sie, nachdem er ihr die Reaktion
seiner Eltern geschildert hat.
„Die spinnen total, oder?"
„Na ja, ich weiß nicht", sagt sie.
„Was?" Dass seine Freundin anderer Meinung
sein könnte als er, kann er kaum glauben.
„Du hängst schon viel vorm Computer", sagt sie
und sieht verlegen zu Boden.
Was soll das? Traut sie sich nicht, ihm richtig

in die Augen zu sehen? „Was heißt denn hier
‚viel'?"
„Halbe Nächte lang zum Beispiel?"
„Ist doch nur, bis ich ein vernünftiges Level
erreicht habe", sagt er.
„Du hast mich doch längst überholt", sagt
Katharina.
„Weil du nicht so oft spielst", antwortet er
und meint es versöhnlich.
„Eben."
„Was ‚eben'?"
„Ich spiele nicht so viel, weil es auch noch
andere Dinge auf der Welt gibt."
„Ach was? Zum Beispiel?"
„Uns? Wir waren immer noch nicht im Kino."
„Ja, aber das war doch nur wegen …"
„… wegen dieser beknackten Wetterhexe",
fällt ihm Katharina ins Wort. „Übermorgen fahr
ich weg", sagt sie leise.
Nachdem er die ganze Zeit aufgebracht in
ihrem Zimmer auf- und abgetigert ist,
setzt Christopher sich nun zu Katharina aufs
Bett. „Mist. Du fehlst mir jetzt schon."

„Du mir auch."
Plötzlich ist Tharanika aus seinem Kopf
verschwunden. Die echte Freundin
in den Armen zu halten, ist irgendwie schöner.
Viel schöner!

Später statten Christopher und Katharina
der magischen Insel aber doch noch einen
gemeinsamen Besuch ab. Beim Hochfahren
zeigt Katharina Christopher im entsprechenden
Menüfensterchen, dass es in ihrer Nachbarschaft
Unmengen drahtloser Internetverbindungen
gibt.
„Von dem da kenne ich sogar das Passwort.
Wir hatten neulich Probleme mit unserem
Anbieter. Da hat Mama unsere Nachbarn
gefragt, ob sie schnell mal bei ihnen ins Internet
könnte und sie haben uns einfach das Passwort
gegeben."
„Mann! Echt genial!", ruft Christopher
begeistert.

„Wieso genial? Sind eben nette Nachbarn."
Katharina kapiert nicht, auf welche Idee
sie Christopher gebracht hat.

Am nächsten Tag fängt er nach der Schule Lutz,
einen Kollegen aus dem Schwimmteam,
vor dessen Haustür ab. Lutz ist überrascht,
als Christopher ihn anspricht. Sie sind zwar
Nachbarn, hatten aber außerhalb des Trainings
nie viel miteinander zu tun.
„Sag mal, Lutz, euer Wireless hat den Namen
Steinbach, oder?", fragt Christopher.
Der Name ist ihm schon vor längerer Zeit
im Menüfenster aufgefallen.
Lutz nickt. „Ja, wieso?"
„Kann ich eventuell euer Passwort haben?"
„Wieso denn? Ihr habt doch selber Internet",
antwortet Lutz.
„Bei unserm Anbieter spinnen im Moment
die Leitungen. Wir haben ständig Probleme
ins Netz zu kommen."

„Echt lästig so was. Aber meine Ma muss es
nicht wissen, okay? Die schiebt voll die
Paranoia, was Sicherheit im Netz angeht und
so", sagt Lutz und rückt bereitwillig
das Passwort raus.
„Hast Glück, dass du mich erwischst.
Bin die ganzen Osterferien weg."
„Wohin geht's denn?", fragt Christopher,
obwohl er gar keine Lust auf Gequatsche hat.
„Nur zu meinem Pa. Hat wieder mal Sehnsucht
nach seinem Sohn."
„Kann ich von meinem nicht behaupten",
erwidert Christopher düster.
„Mit Schwimmen hast du's grad nicht mehr so,
oder?", fragt Lutz.
Christopher zögert. „Der Strasser hat mich doch
abserviert. Nach meiner Verletzung."
„Verstehe ich nicht." Lutz schüttelt ungläubig
den Kopf. „Uns liegt er ständig in den Ohren,
dass die Staffel ohne dich nichts mehr taugt."
Christopher hebt die Schultern. „Ich hab's auch
nicht kapiert. Na ja, was soll's. Wegen Internet
hast du einen gut bei mir. Man sieht sich."

Damit sind seine Ferien auf der Insel gerettet.
Auch wenn er es höchst bedauerlich findet,
dass Katharina mit ihren Eltern verreist,
hat er mit Tharanika nun wenigstens
seine virtuelle Freundin wieder.

Selbst während der Ferien, die mit einem
strikten abendlichen Ausgehverbot belegt
wurden, lässt seine Mutter Christopher nicht
in Ruhe spielen. Obwohl sie null Peilung hat,
wie er bei weggeschlossenem Router noch ins
Netz kommt, hat sie bemerkt, dass er weiterhin
bis tief in die Nacht vor dem Computer hockt.
Ihre nächste Sabotagemaßnahme gilt
der Stromversorgung. Sie schaltet die Sicherung
fürs Dachgeschoss aus und bringt den Computer
zum Absturz.
Christopher stürzt in der Dunkelheit aus dem
Zimmer.
Seine Mutter steht mit verschränkten Armen
am Fuß der Treppe.

„Sag mal, geht's noch?", brüllt er.
„Christopher! Wach endlich auf!
Du hängst Tag und Nacht vorm Computer
und was um dich herum passiert,
bekommst du überhaupt nicht mehr mit!",
schreit seine Mutter zurück.
„Ist doch meine Sache!" Er versucht
sich an ihr vorbeizudrängen, um die Sicherung
wieder einzuschalten.
„Wag es nicht!", sagt seine Mutter drohend.
Er funkelt sie an.
Er könnte sie zur Seite schieben.
Aber das traut er sich tatsächlich nicht.
Wenn er jetzt über Tharanikas Hypnoseblick
verfügen würde …
Er dreht sich um und geht nach oben.
Am nächsten Morgen holt er die Kabeltrommel
aus dem Keller und zapft sich den Strom
von Fenster zu Fenster aus dem Zimmer
seines Bruders. Aber auch dieser Überbrückung
kommt seine Mutter bald auf die Spur und er
kann bald tatsächlich nur noch während ihrer
Arbeitszeit spielen.

Diese Ferien werden als die beschissensten Ferien aller Zeiten in die Geschichte eingehen. Wer hätte gedacht, dass er sich mal darüber freuen würde, wenn die Schule wieder losgeht.

Die Freude ist jedoch nur von kurzer Dauer. Die glatte Sechs, die er schon am zweiten Schultag in Physik zurückbekommt, haut ihn erst mal um. Darüber hilft auch die Euphorie des Wiedersehens mit Katharina nicht hinweg. In Tateinheit mit den zwei Fünfen in Englisch, Deutsch und der Sechs in Mathe, die es im weiteren Verlauf der Woche hagelt, geht's wirklich nicht mehr tiefer.
Zu allem Überfluss verkündet der Henker vor der ganzen Klasse, dass Christophers Leistung eher einer Sieben oder Acht entsprechen würde.
„Hey, Loser!", raunt ihm Patrick beim Pausenklingeln zu.
Blitzschnell ist Christopher auf den Beinen.

Seine Verletzung behindert ihn inzwischen kaum
noch. Jedenfalls nicht bei normaler Belastung.
Auch wenn er ohne Training inzwischen nur
noch halb so viele Muskeln hat, ist Patrick
gegen Christopher ein halbes Hemd.
Christopher stellt sich dem Lästermaul
in den Weg und baut sich vor ihm auf.
„Willst du Stress oder was?"
Er packt Patrick am Arm, Patrick blickt
auf Christophers Hand. „Lass los, bevor ich
meine Jacke in die Reinigung geben muss."
Seine Kumpels lachen.
„Hä?", stößt Christopher hervor.
„Bilde ich mir das nur ein", wendet sich Patrick
grinsend an die andern, „oder hat hier jemand
ein Stinktier deponiert?" Er löst sich
aus Christophers Griff und schaut unter
dessen Tisch. Er hebt die Nase, schnuppert
durch die Gegend, riecht an Christopher.
„Ups. Hab's gefunden."
Christopher verpasst seinem Widersacher
einen Fausthieb ins Gesicht. Patrick geht
zu Boden und Christopher stürzt sich auf ihn,

ehe ihn drei, vier Leute von Patrick
herunterzerren.
Wenn sie ihn nicht festhalten würden,
würde er sich gleich wieder
auf den ächzenden Mitschüler stürzen.
Wie aus dem Nichts taucht Katharina auf.
„Christopher!", schreit sie ihn an.
„So was lass ich mir nicht gefallen!", brüllt er
zurück.
„Hör auf! Sofort! Du benimmst dich gerade
echt wie der letzte Loser!" Sie blickt ihn an.
Aus traurigen blauen Augen. Flehend.
„Was?" Christopher ist wie gelähmt.
Was hat sie gesagt? Er kapiert nichts mehr.
Als hätte er selbst die Schläge eingesteckt,
schüttelt er benommen den Kopf.
Er macht sich los von ihrem Blick,
flieht wortlos aus dem Klassenzimmer.
Obwohl er hört, wie Katharina hinter ihm
herruft, schaut er sich nicht mehr um
und verschwindet um die nächste Ecke.
Zur nächsten Stunde kehrt er nicht
in die Klasse zurück.

Drei Tage lang mimt er den Kranken.
Bei zugezogenen Vorhängen bleibt er einfach
im Bett und behauptet, er habe fürchterliche
Kopfschmerzen. Niemand außer seiner Mutter
kümmert sich um ihn. Nicht einmal Katharina
schaut vorbei. Kein Anruf, keine SMS.
Den Computer haben seine Eltern inzwischen
weggeräumt und eingeschlossen.
Schließlich kommt ein Brief von der Schule.
Seine Mutter platzt wieder mal, ohne
anzuklopfen, ins Zimmer und wedelt drohend
mit dem Brief in der Hand. Ihre Augen sind
gerötet.
Ihre Stimme zittert. „Du hast einen Mitschüler
verprügelt?"
„Na und?"
„Christopher! Du hast ihm das Jochbein
gebrochen!"
„Sein Problem."
Seine Mutter schüttelt fassungslos den Kopf.
„Diese verdammte Spielerei!"
„Hä?"
„Wir wurden zum Schulleiter bestellt.

Deinetwegen muss ich mir morgen Vormittag freinehmen!"

„Dann geh doch zur Arbeit, wenn's morgen nicht passt."

Seine Mutter hebt hilflos die Hände.
Zerknittert dabei, ohne es zu merken, den Brief und lässt Christopher wieder allein.

Christopher hat keine Ahnung, was die ganze Aufregung soll. Diesem Hirnfurzer Patrick hätte er schon so oft eine reinhauen können.
Diesmal hat er es eben getan.
Und wenn überhaupt jemand Schuld hat, dass er sich dieses eine Mal nicht beherrschen konnte, ist das dieser Idiot von Henker.
Ihn vor der ganzen Klasse bloßzustellen!
Da lagen seine Nerven eben blank.
Schon wieder kommt seine Mutter die Treppe hoch.
Warum hat er gerade nicht hinter ihr abgeschlossen? Jetzt ist es zu spät.

Sie steht bereits im Zimmer. Natürlich wieder ohne anzuklopfen. Sie hält ihm das Telefon hin.

„Dein Bruder."

„Constantin? Was will der denn?"

„Nimm das Telefon!", herrscht seine Mutter ihn wütend an.

„Tss." Er schüttelt den Kopf, hält die flache Hand hin.

Sie legt ihm den Hörer hinein, macht aber keinerlei Anstalten zu gehen.

Er wartet, schaut sie an.

„Was ist jetzt?", fragt sie.

„Allein telefonieren darf ich wohl auch nicht mehr, oder was?"

Sie atmet tief durch und rauscht schließlich doch aus dem Zimmer.

„Constantin?", fragt Christopher.

„Mann, Bruderherz, was ist los bei euch? Ma dreht ja so was von am Rad."

Stockend erzählt Christopher seine Version der Geschichte. Sein Bruder hört zu. Ab und zu gibt er einen knappen Kommentar von sich. Mhm. Echt? Oh Mann! Nach einer längeren

Pause sagt Constantin schließlich: „Ist das der Patrick, der dir mal die Reifen zerstochen hat und der uns 'ne Tüte voller Scheiße vor die Haustür gestellt und sie angezündet hat?"

„Genau der."

„Ziemliches Arschloch, aber ihn zu verprügeln, ist trotzdem voll daneben."

„Ja, weiß ich. Ma behauptet jetzt, das käme vom ISLE-OF-MAGIC-Spielen."

„Blödsinn."

„Hab's auch nicht kapiert."

„Wie lange hockst du eigentlich immer so vorm Computer?"

Christopher sagt nichts.

„Hey, Bro, sag schon."

„Weiß nicht. Lange."

„Wie lange?"

„Fünf, sechs Stunden?"

„Also zehn?"

„Quatsch. Höchstens manchmal. Meistens kürzer. Sieben. Vielleicht auch acht?"

„Dir ist doch selber klar, dass das zu viel ist."

„Mhm."

„Sag mal, hast du nicht was von Katharina und Freundin und so erzählt? Habt ihr denn nichts Besseres zu tun?"

„Nicht mehr. Seit der Sache mit Patrick herrscht Funkstille."

Erneut entsteht eine längere Pause.

„Aber du magst sie immer noch?", fragt Constantin irgendwann.

Christopher zögert. „Ja, klar mag ich sie immer noch", sagt er dann.

„Dann ruf sie an."

„Was?"

„Ruf sie an und frag sie, ob sie noch etwas von dir will."

„Kann ich nicht."

„Red keinen Müll. Natürlich kannst du! Du bist Christopher, der Starschwimmer, den alle beneiden!"

„Ha, ha. Strasser hat mich rausgekantet."

„Was? Warum denn?"

Christopher erzählt seinem Bruder von dem seltsamen Telefonat mit seinem Trainer.

„Pass mal auf, Bro. Ich kenn dich. Du packst das. Du musst es nur wollen. Als Erstes redest du mit Katharina …"

„Aber …", fällt Christopher ihm ins Wort.

„Nix aber. Du kannst so was. Besser als ich. Darum hab ich dich schon immer beneidet. Sobald du mit Katharina wieder klar bist, benimmst du dich beim Schulleiter ausnahmsweise so, wie unsere Mutter es von dir erwartet."

Christopher atmet deutlich hörbar durch.

„Du musst dich nur wirklich dafür entscheiden, dann packst du das auch. Wenn du was machst, dann richtig."

„Oh Mann, kannst du nicht schnell mal übern Atlantik jetten?", fragt Christopher gequält.

„Selbst wenn es ginge – da musst du jetzt allein durch."

„Hm."

„Ich denk an dich. Wann ist der Termin?"

„Weiß nicht. Irgendwann morgen Früh."

„Dann denk ich eben den ganzen Vormittag an dich."

„Erzähl keinen Scheiß. Morgen Früh ist es
bei dir noch mitten in der Nacht."
„So what? Mach ich für meinen Bruder halt mal
eine Nacht durch."
Christopher holt tief Luft. „Danke."
„Good luck, Bro!"
Christopher drückt die rote Taste und starrt
aufs Telefon.
Soll er Katharina wirklich anrufen?
Ihre Nummer einzutippen ist bedeutend
schwerer, als ein paar coole Sprüche in die
Tastatur seines Computers zu hämmern.
Aber wenn er es jetzt nicht macht, wird nie
was daraus.
Er wählt ihre Handynummer.

„Christopher?", fragt sie überrascht,
ehe er sich gemeldet hat.
Wenigstens hat sie das Gespräch angenommen.
„Stör ich?"
„Nein. Hab nur nicht mit dir gerechnet." Pause.

„Was gibt's?"

„Ich wollte … also eigentlich … Oh, Mann!"

„Sag schon."

„Mich entschuldigen. Ich wollte sagen, dass es mir leidtut."

„Bei mir musst du dich nicht entschuldigen. Ich denke eher, dass du Patrick …"

„Nein."

„Christopher!", sagt sie laut ins Telefon. „Du hast ihm das Jochbein gebrochen!"

Natürlich will er widersprechen, ihr sagen, dass Patrick ihn provoziert hat. Er lässt es aber bleiben. „Okay", sagt er stattdessen. „Können wir uns noch mal treffen?"

Sie schweigt.

„Bitte."

„Ja! Verdammter Idiot!"

„Echt jetzt?" Er kann sein Glück kaum fassen, nimmt ihr nicht einmal den verdammten Idioten übel.

„Würde ich es sonst sagen? Kommst du morgen zur Schule?"

„Muss ich wohl. Der Chef hat mich bestellt."

„Das war zu erwarten", sagt sie nüchtern. „Sie werden dir vermutlich eine Woche Schulverbot aufbrummen oder so."

„Damit kann ich leben", versucht es Christopher scherzhaft.

„Soll ich mit?", fragt sie.

„Hä?" Er glaubt, sich verhört zu haben.

„Ob ich dich begleiten soll? Damit jemand erzählt, dass sich auch Patrick völlig bescheuert verhalten hat."

„Was? Eben hast du ihn noch in Schutz genommen."

„Hab ich nicht. Ich finde nur, dass du ihm nicht das Gesicht zertrümmern kannst, ohne dich dafür zu entschuldigen."

„Doch. Wäre echt toll, wenn du mitkommst. Weiß allerdings nicht, ob meine Mutter das gut findet."

„Ach, die mag mich", sagt Katharina. „Zu Strasser geh ich morgen übrigens auch."

„Wieso das denn?"

„Ich will wieder schwimmen."

„Echt?"

„Ich hab Strasser sogar schon angerufen.
Gestern. Er hat mich gefragt, ob ich wüsste,
wie's dir geht. Weil wir doch in dieselbe Klasse
gehen."
„Und?"
„Ich soll dir sagen, dass das Team dich braucht
und dass du jederzeit willkommen bist."
„Was?" Christopher versteht gar nichts mehr.
Diesen Anruf von Strasser neulich hat er doch
nicht geträumt. „Ich dachte, der will
nichts mehr von mir wissen?"
„Das klang aber nicht so. Wie sieht's denn aus?
Willst du überhaupt wieder schwimmen?"
„Weiß nicht ... eigentlich schon ..."
Seit Strassers Anruf hat Christopher sich
diese Frage überhaupt nicht mehr gestellt.
Und für die Meisterschaften in diesem Jahr
kann er sich bestimmt sowieso nicht mehr
rechtzeitig in Form bringen. Wenn er sich
fürs nächste Jahr aber richtig reinhängt,
wer weiß ...

„Sag mal, hast du heute noch Zeit?", fragt
Christopher schließlich.

„Eigentlich wollte ich …" Katharina hält mitten im Satz inne. „Ja, klar. In einer halben Stunde?"

„Okay, cool. Bis gleich."

„Ich freu mich", sagt sie leise und ist auch schon weg.

Christopher blickt auf den Hörer in seiner Hand.

Die Gedanken rattern ihm durch den Kopf.

Wieder Schwimmen?

Vor Patrick zu Kreuze kriechen?

Beim Schulleiter antreten?

Bekommt er eine Woche Schulverbot?

Oder sogar länger? Damit wird er leben müssen.

Wie soll er das mit den Noten hinbekommen?

Und wie Strasser wirklich tickt, kapiert er auch nicht!

Ach, was soll's! Er schafft das schon.

Mit Katharina an seiner Seite auf jeden Fall!

Und sein Bruder hat ja Recht:

Wenn er etwas macht, dann richtig.

LESEPROBE

„Willst du Stress?"
von Werner Färber
ISBN 978-3-473-52473-5

Lea wird durch das Klingeln an der
Wohnungstür aus dem Schlaf gerissen.
Eigentlich sollte sie in der Schule sein.
Die Ferien sind vorüber. Bereits seit einer
Woche. Sie hat sich jedoch noch keinen
einzigen Tag aufraffen können hinzugehen.
Um alle Geräusche auszublenden,
vergräbt sie den Kopf unter dem Kissen.
Es klingelt wieder.
Weshalb macht ihre Mutter nicht auf?
Typisch. Wenn sie mal gebraucht wird,
ist sie nicht da. Nur mit T-Shirt
und Unterhose bekleidet geht Lea zur Tür
und blickt durch den Spion. Sie hat die Frau im
Treppenhaus noch nie zuvor gesehen.

Lea kehrt zurück in ihr Zimmer. Kaum hat sie
sich wieder in ihre Bettdecke gekuschelt,
hört sie, wie die Wohnungstür aufgeschlossen
wird. Kurz darauf klopft es an ihrer Tür.
Obwohl Lea nichts sagt, geht die Tür auf.
„Guten Morgen, Schatz", flötet ihre Mutter.
„Frau Neumeier ist hier. Kommst du bitte mal?"
Schatz? Was ist denn nun kaputt?
Lea kann sich nicht erinnern, wann sie
von ihrer Mutter das letzte Mal geschatzt
wurde.
„Was? Wer?"
„Frau Neumeier. Die Frau vom Jugendamt.
Ich hab dir davon erzählt."
Hat sie nicht. Lea ist ganz sicher.
„Und was will die?"
„Mit dir reden."
„Ich aber nicht mit ihr."
„Lea, bitte. So kann es doch nicht
weitergehen."
„Lass mich in Frieden, ja!"
„Entschuldigung", macht die Frau auf dem
Flur auf sich aufmerksam. „Ich will und kann

niemanden zwingen, mit mir zu reden, Lea.
Aber vielleicht können wir es zwei, drei Minuten
unter vier Augen versuchen?"
„Warum sollte ich?"
„Weil du ein intelligentes Mädchen bist?"
Die Frau schiebt sich an ihrer Mutter vorbei in
Leas Zimmer.
„Ich geh dann mal." Um kein störendes
Geräusch zu machen, schließt ihre Mutter
die Tür im Zeitlupentempo.
Lea hockt sich aufs Bett, lässt sich rückwärts
fallen und starrt schweigend zur Decke.
Frau Neumeier setzt sich auf einen Stuhl
zu ihr. „Du musst nicht mit mir reden.
Nur wenn du willst."
Dann schweigt sie ebenfalls.
Irgendwann hält es Lea nicht mehr aus.
Sie stützt sich auf die Ellbogen.
„Was soll das werden, wenn's fertig ist?"
„Ich vermute, dir geht's nicht gut."
„Hat das meine Mutter gesagt?"
„Nein, ich bin hier, um mit dir zu reden.
Erzähl einfach, was los ist. Ich hör zu."

Lea zuckt mit den Schultern.
Während sich die Frau völlig entspannt umsieht,
mustert Lea sie von der Seite.
Eigentlich scheint sie ganz locker drauf zu sein.
Jung ist sie auch. Höchstens Mitte zwanzig.
Aber das war die Polizistin, die sie
nach der Anzeige wegen der gebrochenen Hand
einer Mitschülerin befragt hat, auch.
Am Ende drehte ihr die uniformierte Kuh
jedes Wort einzeln im Mund herum.
Die Wut, die Lea damals in sich spürte,
wurde dadurch ganz bestimmt nicht kleiner.
Genau von dieser angeblich
so verständnisvollen Polizistin
fängt Lea jetzt an zu erzählen.
In einer wahren Schimpftirade lässt sie sich
über die heuchlerische Beamtin aus
und ist überrascht, dass diese
Frau Dingensmeier ihr einfach nur zuhört.
Aber die soll bloß nicht glauben, dass sie
damit Leas Vertrauen gewinnen kann.
Die ist bestimmt auch nur so eine
verdammte Schnüfflerin. Soll sie sich doch

um ihren eigenen Scheiß kümmern!
Frau Neumeier hakt nicht nach
und stellt Leas Version der ganzen Geschichte
nicht ein einziges Mal infrage.
Als Lea fertig ist, wirkt die Frau
noch immer völlig entspannt. Sie hockt
einfach da und wartet, ob noch etwas kommt.
Kurz bevor Lea das Schweigen nicht mehr
aushält, sagt Frau Neumeier: „Ich hoffe,
das hat dir jetzt ein bisschen gutgetan.
Wenn du möchtest, können wir das gerne
wiederholen." Sie bedankt sich für das
Gespräch und steht auf. „Tust du mir einen
Gefallen?"
Lea schaut sie fragend an.
„Magst du es morgen mal mit Schule
versuchen?" Sie legt ihre Visitenkarte
auf Leas Schreibtisch. „Und vielleicht möchtest
du unser Gespräch fortsetzen."
Lea ist so geplättet, dass sie vergisst,
Tschüss zu sagen. Sie lauscht nach draußen
auf den Flur.
Ihre Mutter fragt Frau Neumeier, was sie

mit Lea besprochen hat.
Doch die verabschiedet sich nur freundlich
und verlässt die Wohnung, ohne Auskunft zu
geben.

Einen Moment später kommt Leas Mutter
ins Zimmer. Ohne zu klopfen.
„Verschwinde!", schreit Lea und wirft
den nächstbesten Gegenstand Richtung Tür.
„Was fällt dir ein, so eine Schnüfflerin
auf mich anzusetzen?"
Ihre Mutter verschränkt die Arme vor der Brust.
„Schnüfflerin? Die Frau ist von der Jugendhilfe.
Im Übrigen wurde sie mir von deiner alten
Klassenlehrerin empfohlen."
„Sag mal, spinnst du? Wegen dieser dummen
Tucke wurde ich an der Schule doch erst
richtig gedisst!"
Ihre Mutter winkt ab. „Ach! Schuld sind immer
die anderen."

„Das sagt genau die Richtige!", stößt Lea
mit vergiftetem Lachen hervor.
Ihre Mutter zieht sich lamentierend zurück.
Kurz darauf hört Lea aus dem Schlafzimmer
ihr jämmerliches Schluchzen.
Ja, flennen, das beherrscht sie gut!
Spielt das Opfer! Wie immer. Und dann
hinter Leas Rücken Leute ins Haus bestellen
und ihnen weiß der Teufel was erzählen.
Dinge, die nur die Familie was angehen.
Vor allem das macht Lea so fassungslos.
Sie hat die Schnauze gestrichen voll.

Schon allein, um nicht mit ihrer Mutter
zusammen zu sein, geht Lea am Folgetag
tatsächlich zur Schule. Es muss ja nicht gleich
zur ersten Stunde sein.
Als sie im Sekretariat nach ihrer Klasse fragt,
reibt ihr die Frau hinter dem Tresen erst
einmal unter die Nase, dass das neue Schuljahr
bereits über eine Woche alt ist.
„Dir ist klar, dass ich für die Fehltage eine
Entschuldigung brauche?"

Lea zuckt gleichgültig mit den Schultern.
„Kein Problem."
So einen Wisch hat sie schnell geschrieben.
Den unleserlichen Kringel ihrer Mutter
schmiert sie jederzeit mit verbundenen Augen
aufs Papier.
Spätestens nach diesem Sekretariatsbesuch
weiß Lea wieder, weshalb sie sich bisher
nicht hat aufraffen können, am neuen Wohnort
zur Schule zu gehen.
Weil sich auch hier nichts ändern wird.
Weil sie den Quark, den ihre Mutter ständig
von sich gibt, schon so oft gehört hat,
dass sie ihn auswendig mitsprechen kann.
Immer dieselben Sprüche: „Muss es denn so
weitergehen?" Oder: „Du bist schulpflichtig!
Die schicken uns die Polizei ins Haus."
Oder: „Warum muss ich mich immer für dich
schämen?" Oder seit Neuestem: „Weshalb bin
ich denn mit dir umgezogen?"
Alles Wiederholungsschleifen ihrer Mutter.
Und umgezogen sind sie sicher nicht,
weil Lea das gewollt hätte. Nach der ganzen

vorherigen Kacke auch noch umziehen?
Schwachsinnsidee! Was soll dieses plötzliche
Gerede von wegen Neuanfang? Von wegen
letzte Chance, etwas zu ändern? Hirnriss.

Hätte gestern Abend nicht zufällig auch noch
ihr Vater angerufen, wäre Lea heute
vielleicht wieder nicht zur Schule gegangen.
Nach wochenlanger Funkstille hat er ihr endlich
mitgeteilt, dass sie ihn demnächst ganz sicher
mal besuchen kann.
Allerdings nur, wenn sie verspricht,
zur Schule zu gehen. Ob er vielleicht auch mit
dieser Frau Neumeier geredet hat?
Hinter Leas Rücken? Egal. Wo sie schon mal
hier ist, kann sie auch in ihre Klasse gehen,
um sich die Schwachmaten anzusehen.
Lea betritt das Klassenzimmer der 9a.
Die dritte Stunde hat längst begonnen.

Fast alle sehen zur Tür. Den meisten scheint die
kleine Ablenkung willkommen zu sein.
Nur der Lehrerin nicht.
Die wirkt zunächst überrascht und verschränkt
ablehnend die Arme vor der Brust.
Die Empörung darüber, dass jemand
in ihren Unterricht platzt, ohne anzuklopfen,
ist ihr ins Gesicht geschrieben.
Lea kennt diese Blicke. Sie hält sie aus.
Selbst wenn wie in diesem Moment dreiund-
zwanzig Augenpaare gleichzeitig
auf sie gerichtet sind. Sie schaut sich
in aller Ruhe um.
Dass ihr Styling aus dem Rahmen fällt,
ist ihr klar. Ihre Mutter hasst es, wenn sie so
aus dem Haus geht. Ein Grund mehr,
sich so und nicht anders anzuziehen.
„Merkst du denn nicht, dass sich die Leute
dadurch provoziert fühlen? Jetzt zerreißen
sich die Nachbarn auch hier schon wieder
das Maul über dich", hat ihre Mutter heute
Morgen geklagt. „Warum muss es immer
so aufreizend sein?"

Lea hat sich in aller Ruhe die Lippen
nachgezogen, bis sie mit dem Ergebnis
zufrieden war. „Soll ich doch lieber zu Hause
bleiben?"
Das wollte ihre Mutter erst recht nicht.
In der Klasse herrscht weiterhin
erwartungsvolles Schweigen.
Vor allem die Jungs wissen nicht, wo sie
zuerst hinsehen sollen. Oder wohin sie besser
nicht sehen sollten, damit sie sich keinen Rüffel
einfangen, weil sie geglotzt haben.
Um ihre langen Beine zu betonen, trägt Lea
einen knappen Mini und Stiefel mit megahohen
Absätzen. Dazu das hautenge schwarze T-Shirt
mit dem silberfarbenen Schriftzug *Bitch*.
Ihre Haare färbt sich Lea schon seit zwei
Jahren schwarz. Die korallenroten Kreolen
kommen darunter besonders gut zur Geltung.
Leas neueste Errungenschaft ist der Stecker
im linken Nasenflügel. Das Grün des Steins
passt exakt zu ihren Augen. Das Geld
und die Unterschrift fürs Stechen hat sie

von ihrem Vater bekommen. Damit hatte er sich
von der ersten wochenlangen Funkstille
nach seinem Auszug freigekauft.
Zum Ärger ihrer Mutter.
Auch in ihr Make-up hat Lea an diesem Tag
viel Zeit investiert. Der Lippenstift passt
zu den Ohrringen, beim Lidschatten hat sie
sich zurückgehalten. Sie weiß, dass sie sich auf
das Grün ihrer Augen verlassen kann.
Nachdem sie die Aufmerksamkeit etwas länger
ausgekostet hat als nötig, kickt sie mit dem
Absatz die Tür hinter sich ins Schloss
und schreitet durch die Sitzreihen
zu einem freien Platz am Fenster.
Dort lässt sie die Umhängetasche
aus schwarzem Leder von der Schulter
auf den Tisch gleiten und sinkt
mit eleganter Bewegung auf den Stuhl.
Die Lehrerin, die sich von Leas Inszenierung
offenbar ganz bewusst nicht beeindrucken
lassen möchte, hat sie während der ganzen
Zeit beobachtet.

Ravensburger Bücher

Nur keine Schwäche zeigen!

Werner Färber

Willst du Stress?

Für Lea steht fest: Wer Schwäche zeigt, ist ein Verlierer. Sie will stark sein. Stärker als ihre Mutter, die in Selbstmitleid zerfließt, stärker als Kyra, vor der alle Angst haben. Lea will Respekt – und verschafft ihn sich. Notfalls mit Gewalt.

ISBN 978-3-473-**52473**-0

www.ravensburger.de
Mit Leseprobe im Internet!

Ravensburger

Ravensburger Bücher — short & easy

Rauchzeichen

Werner Färber

Wenn ich will, hör ich auf.

Wenn die würzigen Duftwolken eines Joints Kais Nase umwehen, geht es ihm gut. Grasrauchen ist für ihn Entspannung pur. Dabei merkt er gar nicht, wie er mehr und mehr die Kontrolle über sich verliert. Doch nicht nur die: Fast verliert er auch Mela, seine Freundin, die er über alles liebt.

ISBN 978-3-473-52337-5

www.ravensburger.de

Ravensburger Bücher

Kurze Texte – leicht zu lesen

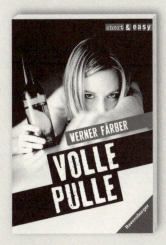

Werner Färber

Volle Pulle

Vor der Klassenfahrt warnt der Lehrer:
Wer sich betrinkt, muss nach Hause
fahren. Doch schon am ersten Abend
fließt der Alkohol in Strömen. Simone
schüttet sich vor lauter Liebeskummer
so zu, dass sie bewusstlos wird. Soll Pea
bei ihrem Klassenlehrer Hilfe holen?

ISBN 978-3-473-**52245**-3

Brigitte Blobel

Hast du schon?

Melissa leidet, weil sie keinen Freund
hat. Ist Dennis der Richtige?
Jana ist glücklich mit Olli, doch der will
endlich mit ihr schlafen. Jana möchte
noch warten, aber Olli hat seinen
Freunden erzählt, er und Jana hätten
schon. Und Tom wollte Jana schon
lange rumkriegen ...

ISBN 978-3-473-**52271**-2

www.ravensburger.de

Ravensburger Bücher

Voll fiese Ferien!

Jochen Till

Fette Ferien

Tobias ist stinksauer. Sein Vater schickt ihn ins Ferienlager, Knasturlaub sozusagen. Und es ist auch wirklich alles so schlimm, wie er erwartet hat: ein nerviger Oberaufseher und eine Menge seltsamer Leute. Wenigstens ist Christian ganz in Ordnung. Und Caro natürlich ...

ISBN 978-3-473-**52258**-3

Jochen Till

Fiese Ferien

Winterferien in den Bergen? Mit der Familie? Na toll. Dabei kann Tobias drei Dinge absolut nicht ausstehen.
Erstens: Schnee. Schnee ist kalt, nass und saugefährlich.
Zweitens: Snowboardfahren – ebenfalls saugefährlich.
Drittens: die neue Freundin seines Vaters, denn die ist vor allem eins: saublöd.

ISBN 978-3-473-**52406**-8

www.ravensburger.de